逻辑思维训练手册

高效商务沟通技巧与写作方法

ロジカル・シンキング練習帳

論理的な考え方と書き方の基本を学ぶ 51 問

[日]照屋华子 著

范丹 译

浙江人民出版社

图书在版编目（CIP）数据

逻辑思维训练手册：高效商务沟通技巧与写作方法 /（日）照屋华子著；范丹译 . -- 杭州：浙江人民出版社，2021.3

ISBN 978-7-213-09756-0

Ⅰ . ①逻… Ⅱ . ①照… ②范… Ⅲ . ①商业管理—公共关系学—手册 ②商务—应用文—写作—手册 Ⅳ . ① F715-62 ② F7-62

中国版本图书馆 CIP 数据核字（2020）第 097239 号

浙江省版权局著作权合同登记章
图字：11-2019-264 号

逻辑思维训练手册：高效商务沟通技巧与写作方法

［日］照屋华子 著 范 丹 译

出版发行：浙江人民出版社（杭州市体育场路347号 邮编 310006）
市场部电话：（0571）85061682 85176516
责任编辑：王 燕
特约编辑：魏 力 王 易
营销编辑：陈雯怡 陈芊如
责任校对：朱 妍
责任印务：刘彭年
封面设计：观止堂_未氓 孔舒琴
电脑制版：易细文化
印 刷：杭州丰源印刷有限公司
开 本：880毫米×1230毫米 1/32 印 张：7.5
字 数：150千字 插 页：1
版 次：2021年3月第1版 印 次：2021年3月第1次印刷
书 号：ISBN 978-7-213-09756-0
定 价：56. 00元

如发现印装质量问题，影响阅读，请与市场部联系调换。

卷首示例邮件

本页所刊载的邮件是各章的课程中使用的示例邮件。在进行各课程的学习时，请灵活使用。

• 问题邮件

邮件名：演讲资料项目

室町部长

感谢先前送来A社的相关演讲资料文件。

关于本项目的翻译，我已向翻译代理人确认，如果今天上午发出委托，7日（周二）17点就能收到翻译文件。由于实际是今天10点委托的，所以7日收到译稿后会立刻将翻译文件交给部长进行确认。那么和今早商定的一样，8日（周三）就能将其用作对A社的演讲资料了。

以上为所有报告。

本乡　内线1234

• 修订邮件

邮件名：关于翻译演讲资料的报告与请求

室町部长

感谢先前送来 A 社的相关演讲资料文件。

现在向您提交资料翻译的进度报告与请求事项，请您确认和处理。

●进度报告

本资料的翻译版能用于 8 日（周三）的演讲中。

• 今天 10 点已将原稿交给翻译代理人。

• 7 日（周二）17 点能收到翻译文件。

●交稿后，请尽快确认

7 日（周二）17 点之后，请您抽空对翻译进行确认。

• 交稿之后，我会立刻以邮件的方式将翻译文件发给您。

• 如需要修正，请于 8 日（周三）9 点之前作出指示。

• 根据您的反馈，我会准备好演讲时用于分发的资料。

可能会花费您一些时间，还请多多费心。

本乡　内线 1234

前言

工作中的逻辑思维练习与写作

通过本书的练习能掌握的技术

这是一本帮助大家掌握逻辑性交流基本模式的练习册。所谓逻辑性交流，就是指实现简明易懂、具有逻辑性、快速且令人有好感的信息传递，并以此推进工作。这与所有人的日常工作密切相关。

拙作《逻辑思维》（合著）、《逻辑写作》出版之后，我有幸与各界商务人士一起参加了逻辑性交流的培训。本书总结归纳了培训中使用的一些练习，以帮助读者掌握逻辑性交流的基本方法。

该练习以先整理要素，再列出的基本模式来帮助大家使用商务邮件。

也许有人会觉得意外，认为邮件在商务活动中无足轻重，但参加培训的人按照该基本模式检查了自己和同事的邮件后，都或多或少地发现了不足，进而反思：“如果不这样写，别人会不会困惑‘你要表达什么？’”“如果没有写某些内容，是不是难以传达必要的信息？”

运用大脑和双手进行实践后会发现，“平常习惯的做法也可以稍加改变”“逻辑思维还可以这样使用”“原来这种方法不仅能用于邮件，还能用于谈话”。参加培训的各界商务人士对此好评如潮，大家纷纷表示：“回复邮件的速度快了”“用了这些方法，提案顺利通过”“下级的邮件也有显著进步”等等。

其实掌握基本模式只需要四个技巧，本书将其归纳成四个练习。

①准备传达信息的技巧

②整理思维和结构的技巧

③将结构视觉化并表现出来的技巧

④提升语言表达好感度的技巧

①和②是通过简单归纳使思维具有逻辑性的逻辑思考技巧，而③和④则是将整理好的东西以简明易懂的方式表现出来的逻辑写作技巧。学会思维整理和表达这两方面的基本方法，就能实现逻辑性沟通。让大家通过这四个练习掌握基本模式，就是本书的目的。

其实，任何人都能通过反复有效的练习学会这些技巧，只要打好基础，就能顺利运用——例如，构成对企业外部方案的逻辑结构模式以及将其用于演讲时的表现方法等。

如果想要锻炼逻辑沟通的能力，或者打算提高下级在这方面的能力，请务必利用本书所介绍的方法。

本书的构成

本书的第一章主要是解说信息传达的基本模式，从第二章起进行练习。

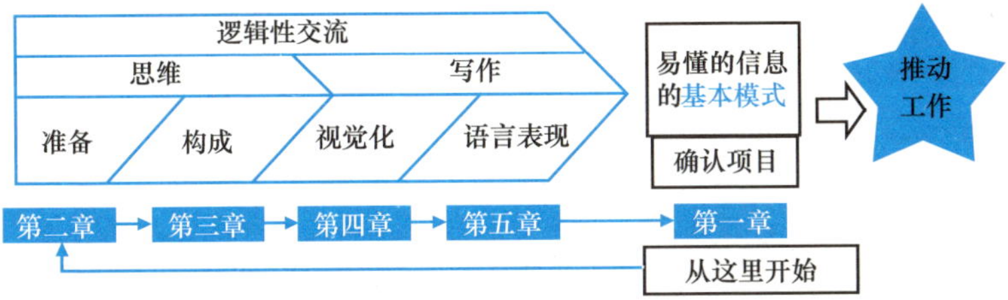

第一章：整体概念

将信息传达的基本模式以需要写清哪些内容的清单的形式与他人共享。对照自己和下级传达信息的方式，就能找出练习要点。

如果没有接受过逻辑思考、写作的训练，那么最好在第二章之后按顺序练习。如果已有相关知识的储备，可以从适合自己的章节开始。

第二章：准备

为掌握传达信息的结构进行准备。无论时间多么仓促，也要在这一阶段学会确认两件事以及确认的方法。

正在为如何有效传达信息而苦恼的人可能忽视了在传达信息前要做的准备，但只要勤做练习就能达到立竿见影的效果。

第三章：构成

本章以如何使用逻辑思考和信息结构为中心来进行练习。按照导论→中心论点→结语的步骤来练习构成。所谓导论是指准备阶段已确认的要素构成。

中心论点的构成则要用到逻辑性思维的两种思维方式：一是针对主题，明确 So What/Why So（最终应该怎样 / 为什么这么说）；二是既不罗列说明，也不要有大的漏洞，利用 MECE（Mutually Exclusive Collectively Exhaustive，即相互独立、完全穷尽）的思维方式来做整理。我们将以结构框的方式进行这两方面的练习。

第四章：视觉化

为迅速传达信息的重点，练习如何将结构组织得让人一看就懂。

即使已经在自己脑中整理好思路并使其条理化，但如果对方不理解或不认同，就意味着信息未能正确传达。在工作中，迅速传达信息重点是非常重要的，因此需要练习将利用逻辑性思维归纳的内容有效地表达出来。

第五章：语言表现

练习传达信息时不能少了语言。你是否能用语言准确、流畅且令人有好感地传达想要表达的内容呢？我们往往会认为“反正用公司内大家都在用的方式说话就对了”“没必要特别去想”。但其实这类漫不经心的措辞和说法大多含有晦涩难懂的部分，所以请各位务必在写作前列一下清单，列清楚需要说明的事。

练习的推进方法

第二至第五章将以课程→例题→练习问题的流程来推进练习。

- **课程**

以一课一主题的方式解说各章的重点。在着手解决问题之前先确认问题。示例邮件与第一章相同，请阅读本书最前面的卷首示例邮件。

- **例题**

解说和练习如何运用在课程中学到的思维方式。

第二至第四章的例题由三个同样的例文构成，但每章提出的问题不同。将例题分成两次来解决，可以进行更充分的练习。

• 第一次按书中的顺序依次处理各章的例题。

（例题 2-1 →例题 2-2 →例题 2-3 等）

• 第二次以准备→构成→视觉化的顺序来处理例文中的例题。

（例题 2-1 →例题 3-1 →例题 3-4 →例题 4-1 等）

此外，第二至第四章中例题邮件的修订例，刊登在卷末的“邮件修订例”中。

- **练习问题**

以课程与例题为依据来处理问题。虽然没有对每个设定的问题进行解说和例举解答，但第二至第四章中涉及的所有邮件和练习 5-3 都在卷末的“邮件修订例”中做了修订例，供各位参考。

作为例题和练习问题的邮件包括为本书专门制作的练习邮件和我培训演习时使用过的邮件，全部都是虚构的。有些问题反映的是我在培训时分析实际的商务邮件所发现的“晦涩难懂的信息特点”。还有些问题是参照实际邮件制作而成的，但已将设定和内容改为不含任何个人或组织信息，并加工成更贴近读者工作的样子，便于大家使用逻辑性思考、写作的技巧。

如今，商务人士几乎每天都要用邮件处理报联商（报告、联络、商谈）、委托和提案。如果本书能让读者学会在日常的工作中练习使用逻辑性思考、写作技巧，逐步习惯逻辑性交流的“基本模式”，那将是我最大的荣幸。

目 录

第一章 整体概念

在商务邮件中熟悉逻辑思考

信息的“基本模式”及其确认要点

第二章 准备

在写之前，确定要传达的信息

能让对方“做出行动”的重要准备

第三章 构成

在大脑中用“结构框”整理信息

简明易懂的逻辑性信息构成法

第五章 语言表现

利用“具、简、论、好”来提高表达能力！

传达信息的语言表达方法

第六章　邮件的修订例

本章介绍例题和练习题中涉及邮件的修订例。各问题的答案可供参考

* 各问题的邮件均为虚构

第一章

整体概念

在商务邮件中熟悉逻辑思考

信息的“基本模式”及其确认要点

概述

用简单易懂、有逻辑且令人愉悦的方式迅速传达信息，推进工作

重要的三要素

逻辑沟通的基础是逻辑思考与逻辑写作。使用该技巧传达信息时，我们商务人士有三点必须牢记于心，绝不能忘记。

- 目的意向

商业交流有邮件、文书、口头说明等形式，目的是为了推进工作。如果传达者本身不能明确掌握并向对方表达目的，那么信息的准确传达就不可能实现。

• 速度意向

商业追求速度，不仅要节约自己的时间，还要尽量减少对方掌握、判断信息和行动所需要的时间。

• 好感度

在商业领域中，给沟通对象留下良好的印象也是非常重要的。

工作中的交流并不是只要有逻辑就万事大吉，更要在“简单易懂、有逻辑”的基础上注意令人愉悦。本章将介绍包含这三要素的基本模式的要点。

✉ 商务邮件是最合适的题材

商务邮件是逻辑沟通的工具之一。每天用于“报联商”（报告、联络、商谈）和委托的邮件，我们已极为熟悉，一边回想自己平时发给顾客和上司的邮件，一边处理自己的问题，更能加深理解。

此外，本书选取的邮件比较简短，这是为了方便大家反复练习。因为逻辑沟通是“技巧”，要通过反复练习才能学会，而简短的内容便于大家在短时间内重复练习。如果想加快学习进度，也可大量利用生活中的素材。

商务邮件是最适合练习逻辑沟通的。

学会在邮件中运用基本模式，将该方法灵活运用于报告、计划书等文书制作中。第二章和第三章所介绍的准备与结构的技巧，与口头说明也是共通的。邮件，作为我们常用的沟通工具，能帮助我们习惯基本模式。

目标

简单易懂的邮件是有“基本模式”的

信息的流程

邮件简单易懂，能让人立刻理解内容，加快工作速度。这种简单易懂的邮件其实有个大前提，即导论→中心论点→结语的结构。

无论是公司内部邮件还是外部邮件，无论是报告还是商谈，都能使用这种结构，并且它还可以用于邮件以外的文书，甚至用于口头说明。总之，一定要掌握它。

写出简单易懂的邮件有五个确认要点

那么要怎么让导论→中心论点→结语“既简单易懂、有逻辑且令人愉悦”有力地推进工作呢？这里有五个要点。

导论	检查一	主题是否明确？
	检查二	自己的期待是否明确？
中心论点	检查三	段落是否清晰？
	检查四	每个段落是否写明了要点？
整体	检查五	是否使用了“具、简、论、好”的语言？

从下一节起，我将逐一说明这五个要点，并从第二章开始用邮件案例帮助大家练习如何让自己的邮件符合这五点。如果你在自己的邮件中发现不符合的地方，说明这就是你需要注意练习并改正的。

如果你是团队领导，请认真检查下级的邮件是否满足这五点，若未满足，请以建议或指导的方式指出问题所在。

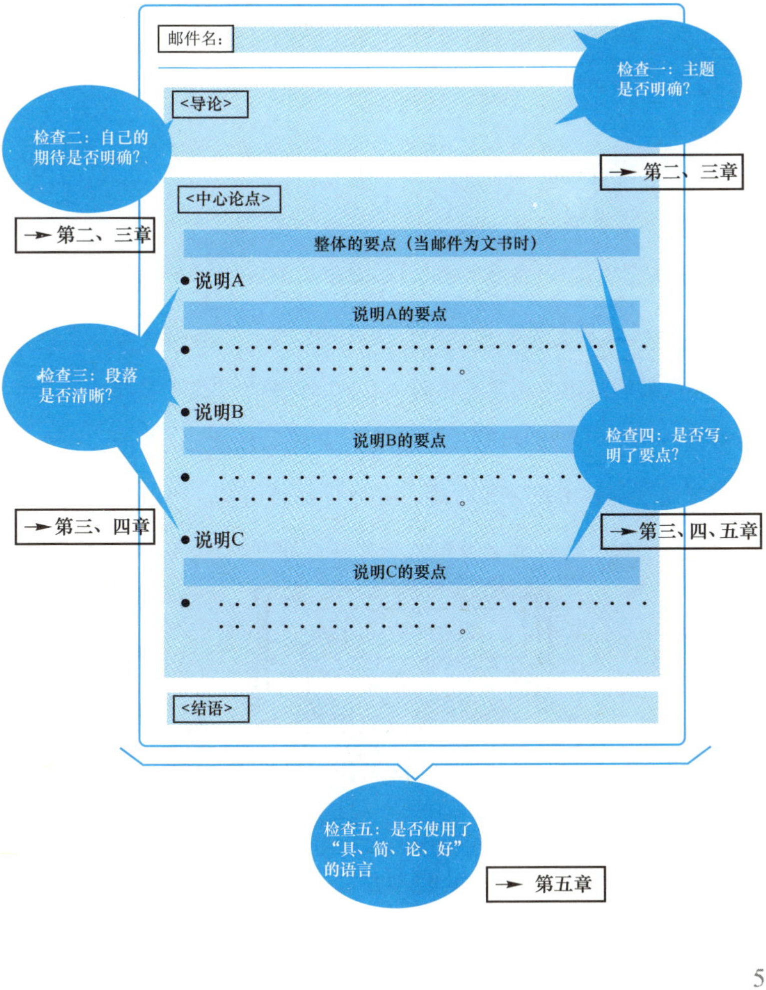

检查一

主题是否明确

详见□□□第二章、第三章

✓检查一的内容

首先，确认开头部分（邮件名、导论）的主题是否明确，是否写清楚本邮件和什么事有关、需要接收方做怎样的回馈动作。

□弄清自己的邮件和什么事有关。

□弄清需要接收方做怎样的回馈动作。

“和什么事有关”是指对会议的内容或与会议相关的日程等项目名称所做的说明，而非具体的项目内容说明。“需要接收方做怎样的回馈动作”则是指对报告、联络、商谈等工作活动的说明。由于这些都可通过邮件名或导论传达，并非详细的内容，所以只需确认是否明示关于哪个项目和需要何种工作行为即可。

○

邮件名：关于翻译演讲资料的报告与请求

室町部长

感谢先前送来 A 社的相关演讲资料文件。

现在向您提交资料翻译的进度报告与请求事项，请您确认和处理。

明确了“说明的对象、种类”

×

邮件名：演讲资料项目

室町部长

感谢先前送来 A 社的相关演讲资料文件。

未明确“说明的种类”

✓检查一的作用

通过标题迅速传达邮件主旨，这对需要阅读大量邮件的收件人来说尤为重要。

对发件人而言，这不但能避免说明内容偏离邮件中心论点，更会在表达内容较多时便于对说明内容进行归纳整理。

□能让收件人迅速理解。

□便于发件人整理说明内容。

学习要点

以询问的方式将标题具体化。

→第二章第三课

在导论和邮件名中展示主题。

→第三章第一、二课

检查二

自己的期待是否明确

详见□□□第二章、第三章

✓检查二的内容

确认是否在导论中明确写出了希望收信人做什么，也就是期待的反应，同时也要确认是否符合主题。

□弄清你希望收信人做什么。

□是否符合主题？

例如你的报告是否只需要对方确认即可，还是你希望对方用邮件提出意见，或者希望对方告知你确切的面谈时间。你希望对方做出的行动就是邮件的直接目的，也就是期待的反应。因此按照报告——得到确认、商谈——获得意见的流程，确认是否与“检查一”中确定的邮件主题相符。

○

邮件名：关于翻译演讲资料的报告与请求

室町部长

感谢先前送来A社的相关演讲资料的文件。

现在向您提交翻译资料的进度报告与请求事项，

请您确认和处理。

表明希望对方确认和行动是必要的

×

邮件名：演讲资料项目

室町部长

感谢先前送来A社的相关演讲资料文件。

这样写对方不明白自己该做什么

✓检查二的作用

写邮件的目的是快速且准确地传达信息，便于达成目标。如果面对的是需要处理大量邮件的收件人，则要明示自己所期待的反应。另外，发件人也需要充分明确自己的目的，便于整理应该传达的内容。

☐便于收件人快速理解。

☐提高发件人达成目的的几率。

☐便于发件人整理说明内容。

学习要点

将期待的反应分为不同类型，确认构成中心论点时要注意的问题。

→第二章第四课

在导论中明示期待的反应。

→第三章第一、二课

检查三

段落是否清晰

详见□□□第三章、第四章

✓检查三的内容

完成导论之后，要确认是否将中心论点分为多个段落进行说明，保证一目了然。

□分段说明是否一目了然？

□是否做了记号或索引，使各段落清晰易懂？

枯燥罗列或晦涩难懂的工作说明，类似于毫无抑扬顿挫的口头交流，这会降低收件人的阅读兴趣。

将说明内容以相互独立、完全穷尽的方式划分为不同段落，并将这些段落以一目了然的方式呈现给收件人，是非常重要的。商务邮件中，只会“换行”和“空一行”是远远不够的。

○

●进度报告

• …………

●交稿后，请尽快确认

• …………

两个段落都“一目了然”

枯燥的罗列

×

关于本项目的翻译，我已向翻译代理人确认，如果今天上午发出委托，7 日（周二）17 点能收到翻译文件……那么和今早商定的一样，8 日（周三）就能将其用作对 A 社的演讲资料了。

✓检查三的作用

通过清晰的段落组合，让收件人瞬间掌握邮件的大致内容和构成。信息的快速传达有利于加快目的的达成。

另外，对于发件人而言，熟练运用段落分组及视觉化的表达方式，也有助于整理思路。

□便于收件人快速理解。

□提高发件人达成目的的几率。

□使发件人习惯整理思路。

学习要点

灵活利用作为段落分组“标准”的 MECE。

→第三章第三、五课

掌握让各段落视觉化的表现技巧。

→第四章第三、四课

检查四

每个段落是否写明了要点

详见□□□第三章、第四章、第五章

✓检查四的内容

如果每个段落部分的说明文字只有两三行，一眼就能读懂内容，那么可以跳过检查四。但如果说明文字有很多行，就要确认是否在开头明示了 So What（最终应该怎样）。

- □是否在段落开头明示了 So What？
- □内容是否具体？
- □能否将内容缩减到两三行以内，以方便阅读？

当说明文字被分为多个段落时，以便于阅读的长度来明示各段要点是非常重要的。另外，如果是结构复杂的文书，还要从各段要点进一步引导 So What，以此确认整体要点。

○

●进度报告

本资料的翻译版能用于8日（周三）的演讲中。

…………

●交稿后，请尽快确认

7日（周二）17点之后，请您抽空对翻译进行确认。

…………

…………

各段开头明示了要点

收件人不得不读完全文

×

●进度报告

关于本项目的翻译，我已向翻译代理人确认，如果今天上午发出委托，那么7日（周二）17点就能收到翻译文件……

●交稿后请确认

交稿后会立刻以邮件的方式将翻译文件发给您，如需要修正的话……

✓检查四的作用

只要扫一眼段落的开头部分，就能快速掌握信息的要点，有利于发件人达成目的。另外，对发件人而言，这对练习将So What思维转化为语言大有帮助。在这一阶段也可进行明示So What口语表达的基础训练。

□能让收件人快速理解且更容易接受。

□能提高发件人达成目的的几率。

□能帮助发件人训练如何将思维转换为语言，并提高熟练度。

学习要点

灵活利用结构框，引导出结论。

→第三章第三、四课，第四章第一、二课

要将结论具体且准确地传达给收件人。

→第三章第六课，第五章第二至第四课

检查五

是否使用了“具、简、论、好”的语言

详见□□□第五章

✓检查五的内容

最后要确认是否使用了能明确表达内容且便于阅读的语言，并且还要确认遣词造句是否令收件人感到舒适。

□具（具体性）：是否清晰明确地向收件人传达了内容？

□简（简洁度）：是否能让人毫无障碍地流畅阅读？

□论（逻辑性）：是否正确论述了所描述内容之间的关联性？

□好（好感度）：遣词造句是否令人满意且毫无违和感，能否给对方留下好印象？

使用满足具体性、简洁度、逻辑性、好感度这四个要素的语言是非常重要的，简称具、简、论、好。即使是发送紧急邮件，这四个要素也缺一不可。

尤其是别忘了确认是否使用了令人有好感的表达方式。

“具、简、论、好”的快速诊断 请注意以下问题

□ 经常使用“如下所示”“如下”	⇨	是否具体？
□ 邮件的字数没有限制	⇨	是否简洁？
□ 不讲究句子之间的关联	⇨	是否符合逻辑？
□ 经常使用“请你做……”	⇨	是否让人有好感？

✓检查五的作用

用“具、简、论、好”的语言传达信息，能够更为迅速、准确且容易令人接受，给对方留下好印象。明确修正语言表述时的重点和自己的用词偏好，能让自我检查更有效。

□便于收件人阅读和接受。

□能让发件人给商务对象留下好印象。

□能让发件人更有效地做自我检查。

学习要点

学习掌握“具、简、论、好”的要点。

→第五章第一课

找出自己经常使用但应当注意或避免的语言。

→第五章第二至第五课

目标

通过练习掌握“基本模式”

✓将问题邮件修改为易懂的邮件

本书的最终目标是帮助大家利用逻辑思考和写作技巧，掌握简洁、准确且令人愉悦的信息传达基本模式。当你看到晦涩难懂的问题邮件时，应能指出问题所在，并将其修改为符合标准的邮件。

请对比检查一至四论述中提到的两封邮件。面对问题邮件，即使读完全文也难以抓住重点，而修订之后的邮件只要浏览开头就能了解关键信息。

修订邮件并不是简单的罗列内容，而是让其满足检查一至五所介绍的要点。

问题邮件

> 邮件名：演讲资料项目
>
> 室町部长
>
> 感谢先前送来A社的相关演讲资料文件。
>
> 关于本项目的翻译，我已向翻译代理人确认，如果今天上午发出委托，那么7日（周二）17点就能收到翻译文件。由于实际是今天10点委托的，所以7日收到译稿后会立刻将翻译文件交给部长进行确认。那么和今早商定的一样，8日（周三）就能将其用作对A社的演讲资料了。
>
> 以上为所有报告。

检查一：主题不明确

检查二：目的不明确

检查三：要传达的事项不明确

检查四：重点不突出

检查五：“请你做……”的表达令人不适

✓灵活使用确认事项

利用检查一至五的确认要点，能令工作邮件满足有效传达信息的基本模式。

□彻底检查自己所写的邮件。

□检查和指导下级所写的邮件。

从下一章起，我将以邮件为例，帮助大家练习利用检查一至五的必要技巧，让大家通过动手动脑，掌握基本模式。在完成所有问题后，再回头重新阅读第一章，会进一步加深理解。

修订邮件

邮件名：关于翻译演讲资料的报告与请求

室町部长

感谢先前送来A社的相关演讲资料文件。

现在向您提交资料翻译的进度报告与请求事项，请您确认和处理。

●进度报告

本资料的翻译版能用于8日（周三）的演讲中。

- 今天10点已将原稿交给翻译代理人。
- 7日（周二）17点能收到翻译文件。

●交稿后，请尽快确认

7日（周二）17点之后，请您抽空对翻译进行确认。

- 交稿之后，我会立刻以邮件的方式将翻译文件发给您。
- 如需要修正，请于8日（周三）9点之前作出指示。
- 根据您的反馈，我会准备好演讲时用于分发的资料。

检查一：明示主题

检查二：表明了期待的回馈反应

检查三：论述分为两段

检查四：明示每个段落的要点

检查五：语言满足了“具、简、论、好”的要求

第二章

准备

在写之前，确定要传达的信息

能让对方“做出行动”的重要准备

第一课

思考“传达信息的目的”

强化要点□目的意向

擅长传达信息的聪明人，通过信息传达目的

在日常商务交流中，团队内部联络、外部部署商谈、向上级汇报工作、向交易对象进行委托，都要通过邮件进行。邮件是便捷的商业工具，但如果不能一次性准确传达信息，就会白白浪费时间。

要既快速又准确地写出邮件，最重要的是要有目的意识，即在写信时先思考传达信息的目的。从收件人的角度来考虑目的——我想要收件人做什么，也就是在写信的过程中有意识地让对方接受该目的。

相反，不考虑收件人的反应，只一味地阐述自己想说的内容，就是“以传达本身为目的”，也就是所谓的“无目的地传达信息”。

传达方式上的差别也体现在邮件的名称上，你是否收到过如下名称的邮件呢？

> 邮件名：我是营业部的铃木
>
> 邮件名：关于合同会议

一眼看去似乎没什么问题，但请仔细想一想，当在收件箱里看到这种名称的邮件，你能马上知道它的主旨吗？

营业部的铃木为什么要发送邮件？合同会议怎么了？这两封邮件的名称都让人不懂“到底需要我做什么”。

究其原因，“营业部的铃木发送的邮件”“合同会议有关的邮件”都属于寄件人视角的“传达意向型”邮件名。

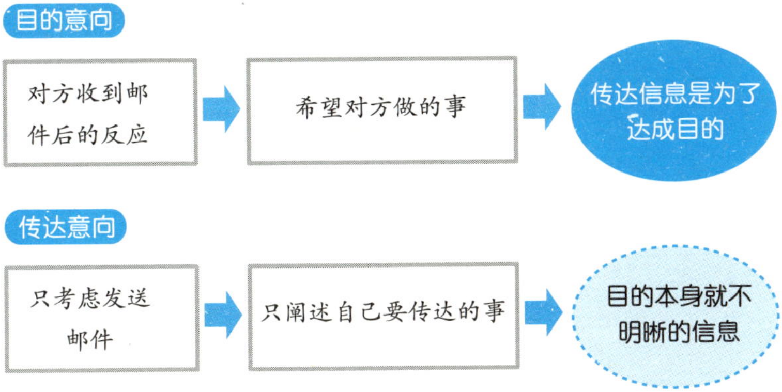

✉ 所谓“传达”究竟是什么

请参考下方的邮件信息。

邮件名：营业部的铃木对提出计划案的委托

邮件名：合同会议日期变更的协商

修改后的邮件名，能让收件人在看到邮件名时立刻明白发件人的目的，即“对委托和协商作出应对”。

只要改变邮件名的表达方式，就能让收件人意识到自己应该做什么，从而达成发件人想要得到的结果。

所谓传达究竟是什么呢？我认为是在工作中让对方准确理解交流目的和信息的内容，让工作向达成目标的方向发展。

无论是邮件还是商业文书，我们都不能仅停留在单纯阐述和传达信息的阶段，而应该让交流对象理解并推动工作。

第二课

不浪费对方的时间

强化要点□速度意向

阅读邮件的顺序

如果你的收件箱里有30封未读邮件，你会以怎样的顺序来阅读呢？如果这些邮件都有诸如“我是营业部的铃木”“关于合同会议”这样传达目的不明的邮件名，那就不得不逐一打开确认内容主旨。

但如果邮件名是“营业部的铃木对提出计划案的委托”“合同会议日期变更的协商”，收件人就能立刻安排好处理邮件的先后顺序，明白“这个应该马上回复”“这个可以稍后处理”。

这样一来，不仅能节省收件人的时间，提高其工作效率，还能让发件人预估对方回应的时间，从而使工作进展得更为顺利。

邮件是商务活动中不可或缺的工具。不少人反映，每天花大量时间处理邮件很头疼，这很可能是由于不少邮件传达目的不明，影响了效率。

只要将邮件名变为目的意向，明确发件人的目的，就能同时节省收件人和发件人双方的时间。

速度意向也要考虑对方的时间

毫无疑问，缩短工作时间和提高工作效率在工作中至关重要，也就是要有时间感和速度感，但这里要介绍的是重视谁的时间。

工作能力强的人或工作效率高的人，不仅会控制自己的时间，还会时刻注意对方的时间。

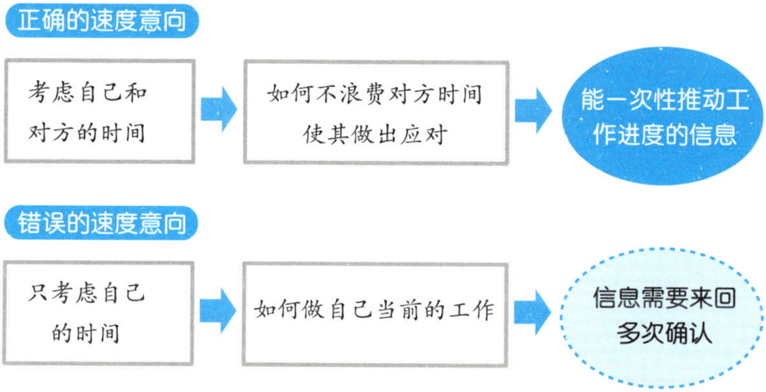

如何才能让对方快速且准确地理解邮件内容呢？如何才能让对方迅速且顺利地做出决断呢？如何才能在不浪费时间的前提下让对方采取行动呢？发件人应该做哪些工作？换句话说，就是从不浪费对方时间的视角出发，重视时间与速度。

但大部分工作拖沓的人都只注意了自己的时间，一心想着“尽快搞定手头项目，进入下一个工作”。

工作时间包括自己与合作者双方的时间。如果只想着提高自己的效率而浪费对方的时间，最终不可能在整体上加快工作进度。

不仅要传递，还要尽快地传达。这不仅适用于商务邮件，在所有的工作交流中，前述目的意向和注意对手时间的正确的速度意向都是很重要的。

当然，不止是个人，团队和组织也是一样。如果你是领导者，那么让整个团队的成员贯彻目的意向和正确的速度意向，能极大地提高团队的工作效率。

第三课 明确主题

强化要点□明确"主题"

什么是主题

在理解了目的意向与速度意向的重要性后，接下来要具体讲解写邮件前的准备。首先我们要明确的是自己所写的内容是什么（主题是什么）。

邮件的主题包括以下两点：

- 所写内容是什么？
- 说明的方式是什么？

——报告、联络、商谈、提案、委托、询问、回答等。

例如卷首示例邮件中，本乡为写给室町部长的邮件所设定的主题是"报告""演讲资料"。

用询问模式表现主题

试试用询问模式表现主题，思考对方会提出什么样的问题，自己又该如何回答。

示例邮件中，当本乡向室町部长表示"提交演讲资料报告"时，室町部长可能会问："那么能在8日的演讲中使用这份资料吗？"这就形成了询问模式。

本乡的报告主题就是回答该询问，简单归纳邮件内容就是

"能在8日使用"。

这种询问模式有利于引导出邮件信息所要传达的So What（最终应该怎样）。

✉ 根据询问的数量准备"答案"

用询问模式表现主题，涉及的询问问题可能不止一个。比如卷首示例邮件中，发件人本乡可以将邮件主题设定为"报告"，同时对收件人申请"委托"。

这时以询问模式描述主题，就能明确应该传达的So What。

> 8日能使用资料吗？→资料能在8日使用。
>
> 委托部长做的事情是什么？→检查确认翻译版。

当要传达的信息多到难以整理，让你不知道该如何入手时，首先试着确认主题，改用询问模式。

在这一阶段，即使还不能确定答案，明确问题也能帮助你理清答案方向。

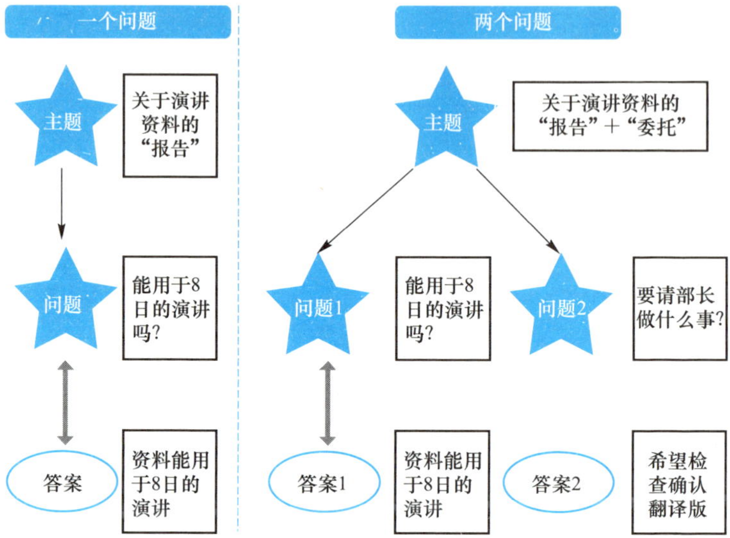
一个问题
主题
关于演讲资料的“报告”
问题
能用于8日的演讲吗？
答案
资料能用于8日的演讲
两个问题
主题
关于演讲资料的“报告”＋“委托”
问题1
能用于8日的演讲吗？
问题2
要请部长做什么事？
答案1
资料能用于8日的演讲
答案2
希望检查确认翻译版

第四课

明确自己想要对方做什么

强化要点□明确“期待的反应”

你希望对方看完邮件后做什么

写邮件之前的准备工作除了确认主题，即所写内容是什么之外，还需要确认一个内容，就是你希望对方看完邮件后做什么，即你所期待的反馈。

你是否有读过邮件后仍然一头雾水的烦恼呢？比如“我该做什么？”“我得怎么做？”

我们来看看问题邮件：

> 关于本项目的翻译，我已向翻译代理人确认，如果今天上午发出委托，7 日（周二）17 点就能收到翻译文件。由于实际是今天 10 点委托的，所以 7 号收到译稿后会立刻将翻译文件交给部长进行确认。那么和今早商定的一样，8 日（周三）就能将其用作对 A 社的演讲资料了。
>
> 以上为所有报告。

发件人本乡对收件人室町部长的期待应该是“交稿后，对翻译文件进行检查确认”，但他未在邮件中明示这一点，也没有写明希望在什么时间前完成检查。

这样一来，室町部长就不得不询问："我应该检查翻译文件吗？""需要检查的话，必须在什么时间之前完成？"

如果室町部长发出询问还好；如果他怀着疑问不做处理，就会导致工作进度停滞。

像这样只罗列自己想表达内容的"传达意向型邮件"难以达成目的，它不仅会让收件人不懂自己该做什么，还会让对方不得不再次回邮进行确认，浪费彼此的时间。

✉ 确认、判断、行动——你想要引导出什么

要以目的意向和正确的速度意向快速推进工作，就要养成在写邮件前确认自己想要对方做出什么回应的习惯。

"期待对方的反应"大致可分为三种：

- 希望对方确认：只要理解并确认内容即可。
- 希望对方做出判断：对内容予以认可，或发表意见和建议等，也就是给予相应的反馈。
- 希望对方做出行动：要对方采取某种行动。

在构思邮件时要根据对收件人的期待来明确内容要点。如果你只需要对方对邮件进行确认，那么邮件简明易懂即可。如果你需要对方做出判断，那么邮件不仅要写出结论，还要展示理由，便于对方判断，并且必须给出反馈的时间节点。如果你需要对方做出行动，那么在给出理由的基础上，还有必要明示行动的方法和方式。

这不只适用于邮件，口头说明“希望对方收到信息后做出回应”时，也要先明确你期待的是这三者中的哪一个。

所期待的对方反应	结构上的注意要点
确认	简明的结构
判断	不仅要表达结论，还要展示理由，并给出反馈的时间节点
行动	在给出理由的基础上，还有必要明示行动的方法和方式

第五课 会议和邮件都是一样的

强化要点□养成确认主题和明确期待反应的习惯

简明易懂的邮件重点在于“准备”

准备不足易导致写出的邮件晦涩难懂，其中常见的模式有三种。

- 目的不明确。
- 单纯罗列信息。
- 缺少必要信息。

第一种模式的问题在于没有明示主题和期待的反应，也没有向收件人说明目的。这会导致收件人不明白发件人的意图。

第二种模式未明示主题，又单纯罗列信息。这会让收件人无法掌握最重要的 So What（最终应该怎样）。

第三种模式没确认“期待对方做出何种反应”，导致遗漏了能让对方做出行动或判断的“必要信息”。这会让收件人陷入疑惑，不知道自己该在什么期限内做什么，从而不得不回复邮件再次进行确认。

“晦涩难懂的邮件”大多是准备不足而导致的，如果准备充分，完全可以写出简明易懂的邮件。

养成准备的习惯能提高邮件质量

从组织会议的角度去思考准备的重要性会更便于各位理解。

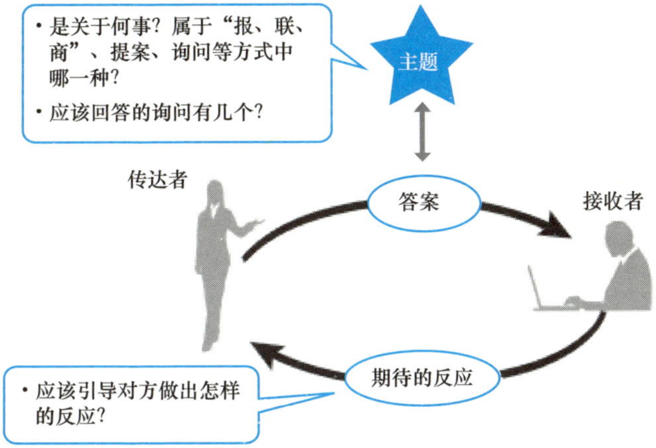

你一定不会毫无准备地组织召开会议吧？要在有限的时间内有效率地推动会议进程，就必须提前做好准备，如“这次的议题有几个，具体是什么”“需要讨论什么内容，最终要做出什么决策”等等。毫无准备地组织会议只会浪费自己和参加者的时间。

商务邮件也一样。要保证不浪费自己和收件人的时间，且获得期待的反应，事先准备必不可少。

- 主题是什么？
- 期待的反应是什么？

在写邮件前要确认以上两点，养成习惯后，你传达出的信息将具备“目的意向”“正确的速度意向”，并且是“简明易懂的”。

你可以尝试一下，提前做准备，效果立竿见影。

• 例题 2-1【准备】业务改善项目

邮件名：关于业务改善项目

佐和经理：

出差辛苦了。

关于业务改善项目在初期遇到的问题，今天我和室町部长以及项目事务局的人进行了讨论。

讨论的结果是项目开始日期最好定在上期决算后的 10 月，这样便于获得相关部门的协助，有利于活动的推进。另外，考虑到销售总部与生产总部选拔参加该项目的人员也需要时间，所以 10 月开始也比较合适。

因此最后的决定是不提前项目开始时间，仍旧和当初计划的一样从 10 月开始。

以上。

川角

【提问】

这是项目事务局的川角寄给佐和经理的邮件，看完该邮件后请回答下面三个问题。

问题 1 →该邮件的“主题”是什么？

提示：思考“项目开始日期”这一主题，应该采取报告、联络、商谈、委托、提案、询问、回答中的哪一种方式？

问题 2 →如果采用询问模式描述主题，应该怎么做？

提示：思考如何回答佐和经理可能提出的问题。

问题 3 →“期待的反应”是什么？

提示：你希望佐和经理看完邮件后做些什么？

【解说】

在解说问题之前先思考这样一个问题：如果你在收件箱里看到以下名称的邮件，你能明白发件人的目的吗？

邮件名：关于业务改善项目	发件人：川角聪子

川角所写的邮件虽然与业务改善项目有关，但令人一头雾水，收件人看后不知自己该做什么。

如果川角提前对“主题”和“期待的反应”做了准备，就至少能在邮件名中明示主题，内容也会有所变化。但遗憾的是，这封邮件明显准备不足。

思考这个例题，想想应该如何准备好“主题”和“期待的反应”。

寄给佐和经理的邮件主题是什么

先来解决问题 1。从开头来看，我们知道川角想说的是业务改善项目的开始时间。那么，从说明的种类来看，这封邮件属于报告、联络、商谈、提案、委托、询问、回答等方式中的哪一种呢？

川角阐述了和室町部长以及项目事务局的人的讨论内容，表示“仍旧和当初预定的一样从 10 月开始”。

从这里可以看出，即使没有写明，但该邮件的主题应该是向佐和经理“报告业务改善项目的日期”。确认主题后，我们就能将邮件名改为“业务改善项目开始日期的报告”。

接着解决问题 2。为了明确报告的要点和 So What（最终应该怎样），采用询问模式来表现主题。思考对方在看到标题后会提出怎样的问题。

如果川角的标题是“关于讨论后的项目开始时间的报告”，佐和经理可能会问：“开始时间究竟是什么时候？”答案就是报告的主题。

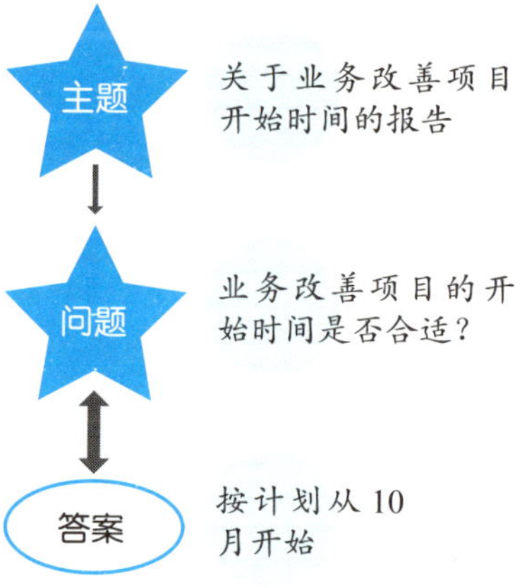

询问模式的主题形成后，其答案 So What 也就是报告的要点“按计划从 10 月开始”，这样就一目了然了。将其放在邮件的前段，就能完成直截了当的报告。

希望佐和经理看完邮件后做些什么

问题 3 是关于另一个准备工作，即“期待的反应”的。在工作邮件中，能让收件人在看完邮件后按自己的期待做出反应的相关描述是必不可少的。

我们试着思考一下这封邮件所期待的反应是“希望进行确认”“希望做出判断”，还是“希望采取行动”？

邮件正文直到最后都没有明示期待的反应，我们只能自行猜测。从川角描述讨论结果用到的“比较合适”这样委婉的词，我们可以推测她希望佐和经理对结果“进行确认”。

✉ 不要让收件人自行猜测目的

这封邮件的问题在于主题和期待的反应都不明确，让人看完后一头雾水。

由于缺少“报告”“确认”等关键词，收件人只能自行猜测“究竟是什么事”“希望我做什么”，也就是所谓的“不清楚发件人目的”。

好在这封邮件内容简单且长度较短，收件人可以勉强猜测发件人的目的。

如果是内容复杂且正文较长的邮件，又希望收件人给出确认之外的反应，像川角这样写邮件就无法保证收件人能猜测到发件人的目的了，也就难以实现正确的沟通。因此，我希望各位能养成习惯，先确认“主题”和“期待的反应”，再向对方进行说明。

【解答】

问题 1　关于业务改善项目开始时间的报告。

问题 2　业务改善项目的开始时间是否合适？

问题 3　希望佐和经理对其进行确认。

• 例题 2-2【准备】新语音邮件

邮件名：关于新语音邮件咨询的问题

各位部门课长：

在更新语音邮件系统之际，首先感谢各位对部门内部说明会的支持。

本部制作了“新语音邮件 FAQ 集”，并于上周在内部网上发表。

FAQ 集由各位在先前的培训中提出的问题和答案集合而成。

目前公司各部门打来大量电话咨询新系统的操作方法和指南，我们需要花费不少时间处理，咨询者不得不排队等待，虽然其中不少问题都在 FAQ 集中有答案。

另外，本部门疲于应付大量电话。如果能通过普及 FAQ 集减少电话咨询数量，会便于我们为大家提供更高品质的服务。

因此请大家配合我们，充分利用 FAQ 集。

语音邮件负责人　广尾久

（注）FAQ 是 Frequently Asked Questions 的缩写，指常见问题与答案。

【提问】

这是系统支持部门的广尾所写的公司内部邮件。看完这封邮件，请回答以下 3 个问题。

问题 1 →该邮件的“主题”是什么？

提示 思考更新语音系统这一主题，想想应该采取报告、联络、商谈、委托、提案、询问、回答中的哪一种。

问题 2 →如果对主题采用询问模式，应该怎么做？

提示 思考如何回答各部门课长可能提出的问题。

问题 3 →“期待的反应”是什么？

提示 思考你希望各部门课长看完邮件后做些什么。

【解说】

语音邮件系统是在不受时间和场合限制的情况下，将语音信息以电子邮件的方式进行发送或收取的系统。这封邮件的发件人广尾是该系统的负责人，收件人是使用语音邮件的各部门课长。

✉ 广尾所写的邮件主题是什么

先来看问题 1，即邮件的“主题”是什么，先要确认邮件名。

> 邮件名：关于新语音邮件咨询的问题

和例题 2–1 一样，这封邮件的邮件名没有写明是报告、联络、商谈、提案、委托、询问，还是回答。

由于邮件的最后一行“请大家充分利用 FAQ 集”中出现了“请”这一关键词，所以，邮件主题应该是“请使用语音邮件 FAQ 集”。

将邮件名改成下面这样如何呢？

> 邮件名：请使用语音邮件 FAQ 集

这样一来，各部门课长一打开收件箱就明白这是请求型邮件。

再看问题2，为了弄清"请求"的要点，即So What（最终应该怎样），要以询问模式来明确主题，思考对方看到标题后会提出怎样的询问。

当发件人表示"请大家配合我们，充分利用FAQ集"时，收件人应该对使用FAQ集没有异议，但他们会不会疑惑"只要使用就可以了吗？广尾君请求的要点是什么？""具体应该怎么做？"这时就要思考下面的问题了。

询问：你希望语音邮件的使用者做什么？

该问题的答案也就是请求的要点（So What），要准确回答，准确的答案会成为邮件主题。随着思考的深入，我们能逐渐找出So What的答案。

答案：希望在打电话咨询之前先看FAQ集

要实现高效率的传达，就不能让对方去思考答案，而要让答案一目了然。因此，发件人要清楚自己需要回答的问题，并且以该问题为核心来写邮件。如果不清楚询问本身，那么就会像上述邮件一样只是单纯罗列信息，让答案掩埋在杂乱的内容中。

邮件的最后一行是"因此请大家配合我们，充分利用FAQ集"，显然广尾是希望各部门课长采取措施来配合这一"行动"。

继续来思考具体的行动内容吧。广尾的目的是"希望各部门课长充分使用FAQ集"，还是"希望各部门课长对部下做关于FAQ集的指导"呢？

如果广尾所期待的是后者，就要具体明示“促进部下对 FAQ 集的使用”。

✉ 时刻注意主题和所期待的反应

该邮件的确写出了“主题”和“期待的反应”，但放在了正文最后面，前面都是在罗列琐碎的信息。这就是第一个问题点，我们必须将请求的内容、希望对方作出的反应写在邮件的开头。

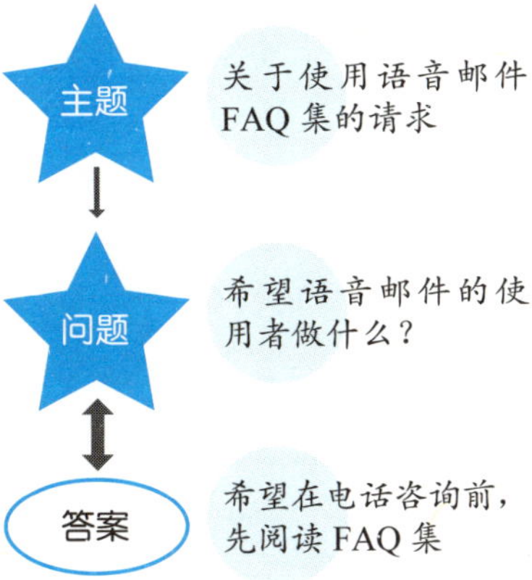

另外，对期待的反应描述过于暧昧也是个问题。当你期待的反应是对方做出“行动”时，应该清楚地说明“谁对谁做什么”。

发送邮件的目的是让收件人给出自己所期待的反应，因此发件人要在写邮件时，时刻注意主题和自己所期待的反应，在此基础上推进整体说明。

【解答】

问题 1　关于使用语音邮件的 FAQ 集的请求。

问题 2　如何使用 FAQ 集？

问题 3　希望各部门课长做出行动，希望他们指导部下阅读 FAQ 集。

• 例题 2-3【准备】大纲制作

邮件名：阿尔法学院的大纲制作项目

山浦经理：

您辛苦了。

又到了阿尔法学院的大纲制作时期，我们对阿尔法学院下年度的大纲格式进行了讨论，认为最好将其修改为附件所示的格式。

希望尽早委托讲师们制作大纲。

拜托了。

和田

【提问】

以上是负责企业内部培训的“阿尔法学院”负责人和田向上司山浦经理发送的邮件。读完该邮件，请回答以下 3 个问题。

（背景：“阿尔法学院”会通过内部网络公开讲座的大纲，公开募集希望听课的志愿者。而培训调查发现，学生认为使用目前的大纲难以掌握培训内容。）

问题 1 →该邮件的“主题”是什么？

提示　思考大纲制作这一主题，想想应该采取报告、联络、商谈、委托、提案、询问、回答中的哪一种。

问题 2 →如果对主题采用询问模式，应该怎么做？

提示　思考如何回答山浦经理可能提出的问题。

问题 3 →“期待的反应”是什么？

提示　思考你希望山浦经理看完邮件后做些什么。

【解说】

和田作为负责人，打算“修订讲座的大纲格式”，还在邮件中附带了完成的修改例。邮件虽然不长，却让人感觉准备不足。

✉ 发给山浦经理的邮件主题是什么

首先来考虑问题 1 的“主题”，是对什么事进行报告、提案、委托、询问或回答？

这封邮件的邮件名只有“阿尔法学院的大纲制作”几个字，无法从中得知邮件主题。

再看正文，由于有“我们对阿尔法学院下年度的大纲格式进行了讨论”“认为最好将其修改为附件所示的格式”这两句话，所以和田的目的应该是“提案”，也就是将大纲改为自己的修订案，所以主题就是“大纲格式的修订提案”。如果将它作为邮件名，山浦经理打开收件箱后，就会明白这封邮件需要自己“确认并回复”。

接着来看问题 2。为了弄清“提案”的要点，试着将主题变为询问模式。当和田向山浦表明“大纲格式的修订提案”时，山浦很可能会问：“那么该如何修订呢？”

如果山浦经理重视原因，可能还会提出“为什么要修订？”

“该怎么修订？”这两个问题。

对方想要从这封邮件中找到答案是很难的，只能通过“将其修改为附件所示的格式”这句话猜测“答案”可能在附件以及和田的脑中，因此这是一封需要花不少时间来处理的邮件。

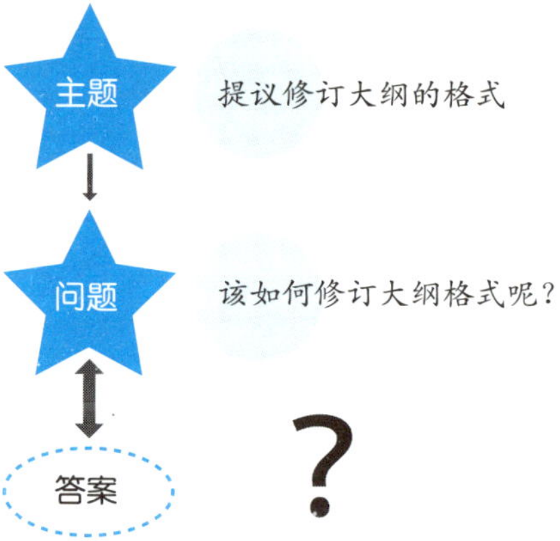

希望山浦经理做什么

问题 3 要思考的是“期待的反应”，也就是希望对方“进行确认”“做出判断”还是“采取行动”。

邮件中有“希望尽早委托讲师们制作大纲”这句话，那么可以推测最后一句“拜托了”是拜托山浦经理“做出判断反馈”。

确认期待的反应后，就能提示必要的信息

该邮件并未明示“提案”这一主题和“希望对方做出判断”这一期待的反应。

如果没有在准备阶段充分确认期待的反应，就很难让收件人找出迅速且准确推动工作进度所需的必要信息。

比如想要大纲格式的修订方案得到认可，那就至少应该在邮

件正文中明确指出“以○○为着眼点来进行修正”等修正方向。

而仅仅以“将其修改为附件所示的格式”带过，收件人就要花时间做出判断。这不仅会浪费对方的时间，最终也很可能牺牲自己的时间。

另外，既然希望收件人做出“判断”，那么明确期限更便于对方设置对该邮件的优先级。这封邮件并没有这么做。

也许和田认为邮件越短越简明易懂越好，但缺少必要的信息是很难迅速达成邮件目的的。如果做好准备，和田就能提供足以让山浦经理“做出判断”的必要信息。

【解答】

问题 1　大纲格式的修订提案。

问题 2　应该怎么修订大纲格式?

问题 3　希望山浦经理认可修订案。

• 练习问题 2-1【准备】公司内部邮件

邮件名：关于公司内部邮件

各位辛苦了。

最近公司内部邮件的票据记录有不少遗漏，为了确认遗漏的票据被发往何处，我们花费了不少时间。

本公司发往营业所的邮件中，漏记部门名称的情况尤为突出，加之上个月有不少新兼职者负责这方面的工作，不仅记录不正确，还在分类工作上耗费了大量时间。

希望各位理解。

总务部　半泽爱

【提问】

上面是总务部的半泽向所有员工发送的邮件。读完该邮件，请回答以下 3 个问题。

问题 1 →该邮件的“主题”是什么？

问题 2 →如果对主题采用询问模式，应该怎么做？

问题 3 →“期待的反应”是什么？

参考答案 213 页

• 练习问题 2-2【准备】连续出勤表彰仪式

邮件名：关于连续出勤表彰仪式

销售第一部管理小组的水野君：

承蒙关照。

关于 12 月 7 日（周五）举行的对长年连续出勤者的表彰仪式，预定表彰对象是连续出勤三十年、二十年的人。

ABC 人事总务部负责确认各部门符合条件的候选者，但无法确认贵部门中是否存在符合下列条件的人。

连续出勤三十年：1987 年 1 ～ 12 月进入公司

连续出勤二十年：1997 年 1 ～ 12 月进入公司

因此希望您能在百忙之中确认符合条件的对象。

* 候选者必须是包括派遣时间在内的，在公司年数符合上述条件的人。

为了配合好表彰仪式的准备工作，最好在 8 月 23 日（周五）之前反馈您的调查结果。

拜托了。

总务部　半泽爱

【提问】

上面是总务部的半泽向销售第一部的水野发送的邮件。读完该邮件，请回答以下 3 个问题。

问题 1 →该邮件的“主题”是什么？

问题 2 →如果对主题采用询问模式，应该怎么做？

问题 3 →“期待的反应”是什么？ 参考答案 214 页

• 练习问题 2-3【准备】电话系统的更换

邮件名：电话系统更换项目

总务部的各位：

大家辛苦了。

由于从本月 10 日（周一）开始将更换新的电话系统，预计今后以下咨询会增多。

——————————————————————

①新电话机的操作、功能相关咨询

②更新后的语音邮件、系统相关咨询

——————————————————————

①和②都可以咨询服务台，但已通知全公司员工，可通过公司内部网络上的“操作指南”和“FAQ 集”了解新电话系统的基本情况。

关于②，由于附加了新的选项功能，新系统的设定较为复杂，预计会成为咨询的热点。具体包括防信息误发送功能等，这些都将由服务台详细解答。

为此，服务台在 10 日（周一）到 21 日（周五）的基本工作时间内增加了一名工作人员。

另外计划以咨询内容为基础，持续更新 FAQ 集。

以上是所有报告。

请多加费心。

总务部　半泽爱

【提问】

上面是由总务部的半泽向总务部所有员工发送的邮件。读完该邮件，请回答以下 3 个问题。

问题 1 →该邮件的“主题”是什么？

问题 2 →如果对主题采用询问模式，应该怎么做？

问题 3 →“期待的反应”是什么？

参考答案 215 页

• 练习问题 2-4【准备】QC 表彰仪式

邮件名：关于 QC 表彰仪式前的住宿

参加 QC 表彰仪式的各位：

2017 年度的 QC 活动表彰大会将如期于下周 24 日（周一）9 点在总公司大会议室举行。

• 请于 23 日（周日）23 点之前入住东都培训所。23 点为门禁时间，超过 23 点将无法办理入住。

• 23 日（周日）晚请在吃过晚饭后办理入住。如果在培训所食用自己购买的东西，请在食堂食用。

• 24 日（周一）早晨也请各位在用完早餐后再前往总公司。

→培训所不提供饭食。

* 携带物品

必须携带 ID 卡。另外还请自带洗漱用品、毛巾、睡衣等，上述物品培训所不提供。

* 交通路线参考（前往总公司的交通工具）

①利用 JR

从培训所步行 10 分钟到达阿佐谷站，从阿佐谷站乘坐 JR 中央线约 25 分钟到东京站，从东京站步行 5 分钟到达总公司。

②利用地铁

从培训所步行 3 分钟到南阿佐谷站，从南阿佐谷站乘坐丸之内线约 35 分钟到达大手町站，从大手町站步行 2 分钟到达总公司。

以上。

总务部　半泽爱

【提问】

上面是总务部的半泽向各分公司参加 QC 表彰仪式的人发送的邮件。读完该邮件，请回答以下 3 个问题。

问题 1 → 该邮件的“主题”是什么？

问题 2 → 如果对主题采用询问模式，应该怎么做？

问题 3 → “期待的反应”是什么？

参考答案 216 页

• 练习问题 2-5【准备】电话增设

【状况设定】

销售部的佐藤为从曼谷分公司调来的萨拉卡姆提供办公室环境的安置支持。

佐藤发邮件向总务部的半泽咨询申请电话的方法，得知利用内部网的申请表格即可，但他仍有疑问。

【邮件内容】

申请表格的第 1 页显示申请者最好是负责人，但第 2 页又指出申请者必须是课长。另外，电脑的机型变更和连接内网的手续也必须向总务部提交申请吗？

【提问】

以状况设定为基础，销售部的佐藤向总务部的半泽发送了如上邮件。读完该邮件，请回答以下 3 个问题。

问题 1 →佐藤所写邮件的“主题”是什么？

问题 2 →如果对主题采用询问模式，应该怎么做？

问题 3 →“期待的反应”是什么？

参考答案 217 页

• 练习问题 2-6【准备】海洋性胶原蛋白

【状况设定】

基础研究部的山本参与了提取用于制作美容营养剂的海洋性胶原蛋白的技术开发项目，并获得了成果。有效提取吸收性良好的胶原蛋白的技术逐步完善，现在已在讨论制订能将该技术商品化的计划，因此要向关注海洋性胶原蛋白商品化的商品开发部经理齐藤确认以下两点。

• 要将海洋性胶原蛋白用于怎样的商品中？

• 如何应对使用海洋性胶原蛋白时的安全性和成本问题？

【提问】

要达成下划线所述目的，基础研究部的山本在给商品开发部的齐藤经理所写的邮件中，需要回答以下 3 个问题。

问题 1 →山本所写邮件的“主题”是什么？

问题 2 →如果对主题采用询问模式，应该怎么做？

问题 3 →山本对齐藤“期待的反应”是什么？

参考答案 218 页

练习问题 2-7【准备】料理机器的更换

【状况设定】

总务部的儿玉发邮件联络机器制造商加藤，了解员工食堂厨房区域的料理机器更换问题。以下是整理邮件内容时所写的清单。

- 针对前日提出的预算问题进行联络。
- 请将煤气炉变更为功率 12.3kW 的产品。
- 请将更换机器的作业时间从 2 天减少到 1 天半。
- 作业内容包括检查所有机器是否能正常运作。
- 请在 10 月 20 日（周五）之前再次提交预算。
- 更换机器请在 2 月 10 日（周六）至 11 日（周日）或 2 月 17 日（周六）至 18 日（周日）进行（已告知过加藤）。
- 12 月 11 日（周一）进行搬入路径和设置位置的事前确认。
- 预定后天与加藤面谈。

【提问】

要传达以上信息，总务部的儿玉在给机器制造商加藤写邮件时，需要回答以下 3 个问题。

问题 1 →儿玉所写邮件的“主题”是什么？

问题 2 →如果对主题采用询问模式，应该怎么做？

问题 3 →儿玉对加藤“期待的反应”是什么？

参考答案 219 页

第三章

构成

在大脑中用“结构框”整理信息

简明易懂的逻辑性信息构成法

第一课

信息由三个部分构成

强化要点□由导论、中心论点、结语构成

以“导论→中心论点→结语”为基本结构

通过确认主题和所期待的反应做好准备，然后再开始写作。但应该按什么顺序来写呢？在左右为难时，时间白白流失了。

如果你有这种烦恼，就请试着使用更简明易懂、具有逻辑性且更快速而准确地传达信息的基本结构，将信息分为以下三个部分，按顺序展开。

①导论→②中心论点→③结语

即使主题和期待的反应较为复杂，或者报告、商谈和委托等内容交织在一起，也最好按这一结构来构成邮件必需的要素。

导论→中心论点→结语的结构不仅可用于邮件，还能广泛用于提案书、计划书等文书以及口头说明。首先我们来熟悉一下该结构在邮件中的用法。

“准备”是构成的基础

三个部分分别承担怎样的职责呢？我们参照如下的商业交流结构图进行解说。

在开头的导论部分明示主题和期待的反应。如果是邮件的话，即正文最初的部分，要尽可能简洁地阐明这是关于什么主题以及希望对方做什么。

接着在中心论点部分明示主题中问题的答案。如果是报告邮件，就明示报告详情。如果是委托邮件，就明示委托内容。

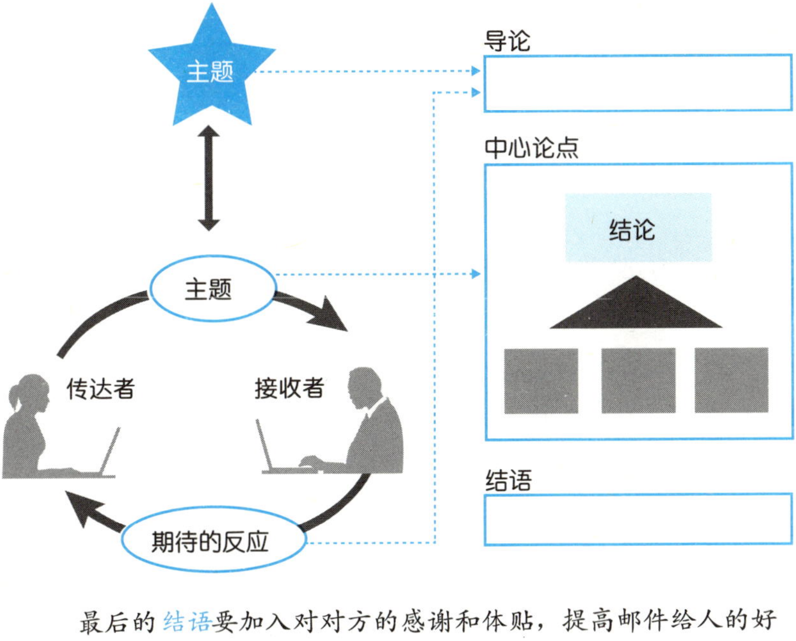

最后的结语要加入对对方的感谢和体贴，提高邮件给人的好感，即增加提升好感度的要素。

- 展示“主题”与“期待的反应”的导论（第二课）。
- 展示结论和理由的中心论点（第三至第六课）。
- 给人留下好印象的结语（第七课）。

为什么要按照这种流程来梳理邮件的结构呢？因为首先要将商业交流中重要的主题与期待的反应这一目的与对方共享，形成目的导向。

这里最有效的是写之前的准备。通过准备来明确主题和期待的反应，从而顺利地进入导论→中心论点→结语这一流程中的起点——导论。

第二课

用导论传达信息的整体概念

强化要点□通过准备，明示导论的两个要素

必需要素为“主题”+“期待的反应”

本节将针对导论进行解说。

第二章的“写之前的准备阶段”中已经确认了主题（写的内容是什么）和期待的反应（希望对方做什么），直接确认这两点的就是导论。

- 主题（“报联商”、提案、委托、询问等）。
- 期待的反应（确认、判断、行动）。

通过在邮件的开头部分简明地传达目的，能够让收件人对邮件的整体有一个初步印象，也就是让收件人做好“看邮件之前的准备”。

请看卷首示例邮件中缺乏导论部分的问题邮件。它在简单的寒暄后直接切入中心论点，让收件人不得不看完全文才能得知该邮件是“关于什么”和“为了什么”。缺乏导论是导致邮件难以理解的原因之一。

再来看修订之后的邮件。修订邮件有导论，明示了主题和期待的反应。

主题：写明了翻译资料的进度报告与请求事项。

期待的反应：请求收件人进行确认和处理。

像这样设置导论的话，室町部长只要看到邮件开头就能明白“这封邮件的主题是报告和请求”，并明确“自己需要进行确认和处理”，从而了解邮件的整体。

卷首示例邮件的修订邮件

明确了主题与期待的反应

邮件名：关于翻译演讲资料的报告与请求

室町部长：

感谢先前送来 A 社的相关演讲资料文件。

现在向您提交资料翻译的进度报告与请求事项，请您确认和处理。

报告和请求的具体内容不是由导论，而是由后续的中心论点来详细阐述。导论控制在一目了然的两行左右即可，最长不超过四行。

加入“寒暄”作为缓冲

在商务邮件的导论中最好加入寒暄这一要素。无论是公司内同一团队的同事，还是短时间内多次邮件来往的其他人，都请试着在导论的开头用一句简短的话向对方表示感谢或关怀。

这不只适用于邮件，我们在会谈等场合中也会一开始便与对方寒暄，比如“感谢您百忙之中抽空前来”等。

上述邮件中，本乡也以对部长的感谢开始，用“感谢您先前送来A社的相关演讲资料文件”引出导论。有了这句话，不仅迅速而准确地表达了主题，还达到了“令人印象良好”的目的。

尤其是在希望对方做出行动或判断的邮件中，寒暄更为重要。商务邮件的交流不仅要简明易懂，还必须保持向对方表示敬意的礼仪。

例题 3-1【导论】业务改善项目

邮件名　关于业务改善项目

佐和经理：

出差辛苦了。

关于业务改善项目在初期遇到的问题，今天我和室町部长以及项目事务局的人进行了讨论。

讨论的结果是项目开始日期最好定在上期决算后的10月，这样便于获得相关部门的协助，有利于活动的推进。另外，考虑到销售总部与生产总部选拔参加该项目的人员也需要时间，所以从10月开始也比较合适。

因此最后的决定是不提前项目的开始时间，仍旧和当初计划的一样从10月开始。

以上。

川角

【提问】

上面是第二章的“例题2-1”中提到的邮件。在记住例题2-1关于“主题”和“期待的反应”的答案的基础上，接着思考导论，并回答以下两个问题。

问题1→该邮件的开头，导论必需的要素是否齐全？

提示　重新回顾本章的第一课和第二课。跳过了第二章例题2-1的读者也请试着确认该解说。

问题 2 →如果要为该邮件添加导论，该怎么写？

提示　回顾本章的第一课和第二课。

【解说】

让我们试着套用“导论→中心论点→结语”这一结构。导论需要阐明“主题”和“期待的反应”这两部分。

✉ “寒暄”之后表明“主题”和“期待的反应”

先对问题 1 进行解说。将主题改为“关于……的报告”，期待的反应改为“请确认……”。

> 出差辛苦了。
>
> 关于业务改善项目的开始时间，今天我和室町部长以及项目事务局的人进行了讨论。
>
> 讨论的结果是项目开始的日期最好定在上期决算后的 10 月，这样便于获得相关部门的协助，利于活动推进。

寒暄之后明示“已经讨论过”这一状况及其内容。

但正如例题 2-1 所考虑的一样，主题“业务改善项目的开始时间相关报告”和期待的反应“希望佐和经理确认报告内容”并没有写明。由于缺乏必要的因素，导论与中心论点的分界点不明。

> 关于业务改善项目的开始时间，向您报告今天我和室町部长以及项目事务局的人讨论的结果，请您进行确认。

这样修改的话，佐和经理就能轻松掌握邮件的目的以及邮件的大概内容，也让导论部分一目了然。

对于“项目开始时间定于10月”的详情以及理由，可放在导论后进行说明，各位只要养成在导论部分明示主题和期待的反应的习惯即可。

这一习惯也可以用于报告和委托、提案的内容，也就是说，在阐明中心论点时要灵活使用。

如果你正在为不擅长用文字准确传达信息而烦恼，请不要纠结于“不擅长文字”，先试着检查导论。如果导论已具备必需的要素，改变平铺直叙的风格，将会大大提高沟通的效率。

改善导论的效果是立竿见影的，请一定重视自己和下级同事所写邮件的导论。

【解答】

问题1　未写明主题和期待的反应。

问题2　出差辛苦了。关于业务改善项目的开始时间，向您报告今天我和室町部长以及项目事务局的人讨论的结果，请您确认。

• 例题 3-2【导论】新语音邮件

邮件名：关于新语音邮件咨询的问题

各位部门课长：

在更新语音邮件系统之际，首先感谢各位对部门内部说明会的支持。

本部制作了“新语音邮件 FAQ 集”，并于上周在内部网上发表。

FAQ 集由各位在先前的培训中提出的问题和答案集合而成。

目前公司各部门打来大量电话咨询新系统的操作方法和指南，我们需要花费不少时间处理，咨询者不得不排队等待，虽然其中不少问题都在 FAQ 集中有答案。

另外，本部门疲于应付大量电话。如果能通过普及 FAQ 集减少电话咨询数量，会便于我们为大家提供更高品质的服务。

因此请大家配合我们，充分利用 FAQ 集。

语音邮件负责人　广尾久

【提问】

上面是第二章的“例题 2-2”中提到的邮件。在记住例题 2-2 中关于“主题”和“期待的反应”的答案的基础上，接着思考导论，并回答以下两个问题。

问题 1 →该邮件的开头，导论必需的要素是否齐全？

提示　重新回顾本章的第一课和第二课。跳过第二章例题 2–2 的读者也请试着确认该解说。

问题 2 →如果要添加该邮件的导论，该怎么写？

提示　重新回顾本章的第一课和第二课。

【解说】

在“导论→中心论点→结语”这种结构中，越是长邮件，“导论”中明示信息的整体概念越是重要。

✉ 是否包含了主题和期待的反应

那么先来解说问题 1。开头有表示感谢协助的“寒暄”，这一点合格，接着来看下面四行。

> 本部制作了“新语音邮件 FAQ 集”，并于上周在内部网上发表。
>
> FAQ 集由各位在先前的培训中提出的问题和答案集合而成。

这里虽然表明了委托的背景，但缺少第二章例题 2–2 中所讲的，导论中不可或缺的主题“委托利用语音邮件的 FAQ 集”和期待的反应“指导部下阅读 FAQ 集”。

另外，收件人也很难区分哪个部分是导论，哪个部分是中心论点。

如果你在繁忙的工作中收到这样的邮件，恐怕也只想推迟对它的处理吧。

✉ 对方越忙，导论越重要

接着来讲问题 2。让我们试着构建能明确主题和期待的反应这两点的导论。

> 本部上周在内部网上发布了“新语音邮件 FAQ 集”，请各位指导下属使用 FAQ 集。

在委托请求的背景后追加一行下划线的部分，就能明确主题和期待的反应了。

像这封邮件一样，有些人向忙碌中的对象发出委托或进行商谈的要求时，希望给人留下礼貌的印象，往往喜欢在说明背景和理由后加上“那么……就拜托您了”“那么请就……进行商谈”。

但这种必须读到最后才能理解主题意图的结构，会让处于忙碌之中、想要尽快掌握邮件目的的人不得不花费更多的时间。

向工作繁忙的人传达信息，首先应当在导论中明示主题和期待的反应，说明邮件目的，这才是尊重对方时间的高效率导向型邮件。

希望收件人指导下属的要点及理由，则放在导论之后的中心论点中阐述。这种构成法将在本章的第三至第六课中做详细介绍。

【解答】

问题 1　未写明主题和期待的反应。

问题 2　在此次更新语音邮件系统之际，首先感谢各位之前对部门内部说明会的支持。

本部上周在内部网上发布了“新语音邮件 FAQ 集”。

请各位指导部下使用 FAQ 集。

例题 3-3【导论】大纲制作

邮件名：阿尔法学院的大纲制作项目

山浦经理：

您辛苦了。

又到了阿尔法学院的大纲制作时期，我们对阿尔法学院下年度的大纲格式进行了讨论，认为最好将其修改为附件所示的格式。

希望尽早委托讲师们制作大纲。

拜托了。

和田

【提问】

上面是第二章“例题 2–3”提到的邮件。在记住例题 2–3 中关于“主题”和“期待的反应”的答案的基础上，接着思考导论，并回答以下两个问题。

问题 1 → 该邮件的开头，导论必需的要素是否齐全？

提示　重新回顾本章的第一课和第二课。跳过第二章例题 2–3 的读者也请试着确认该解说。

问题 2 → 如果要添加该邮件的导论，该怎么做？

提示　重新回顾本章的第一课和第二课。

【解说】

接下来再练习一次。这次的例题与例题 3-2 相比，邮件内容更短，但同样可以构成导论。

✉ 能否在打开邮件的瞬间了解“提案”和“请求”

首先来解说问题 1。先看寒暄过后的两段内容。

> 又到了阿尔法学院的大纲制作时期，我们对阿尔法学院下年度的大纲格式进行了讨论，认为最好将其修改为附件所示的格式。
>
> 希望尽早委托讲师们制作大纲。

由于邮件内容简短，这两段几乎就是全文，但无论邮件长短，导论的“基本模式”都是相同的。

这里缺少必需的要素，即“主题”和“期待的反应”。如例题 2-3 所考虑的一样，将主题改为“关于大纲格式的修订提案”，将期待的反应改为“希望认可修订案”。

这些内容不能让收件人从邮件的文字中推测，而是要让他在打开邮件的瞬间就一目了然。

✉ 通过一次邮件往来推动工作进展

接着来解说问题 2，将“主题”和“期待的反应”这两点放入导论中。

这时，以这封邮件为例，需要添加的是确定工作进度的日期。正如例题 2-3 所介绍的一样，协调一致的“截止日期”，对发件人和收件人双方都是推动工作进展的重要内容。

> 又到了阿尔法学院的大纲制作时期。我已制作了大纲格式的修订案，建议根据它进行修改，如果可以的话，希望本周内通过该修订案。

无论对发件人还是对收件人，一次邮件往来就能达成“这次就按这种格式来”的共识是最好的结果。如果还能用委婉的语气，就可以令对方无抵触感地接受截止日期。

当然，某些情况下不建议在导论中明示按自己个人意愿制定的期限。遇到这种案例，可以通过第四章所介绍的视觉化技巧，让日期从文字中凸显出来。可参考卷末的练习问题修订例。

【解答】

问题 1　未写明主题和期待的反应。

问题 2　又到了阿尔法学院的大纲制作时期。我已制作了大纲格式的修订案，建议根据它进行修改，如果可以的话，希望本周内通过该修订案。

练习问题 3-1【导论】公司内部邮件

邮件名：关于公司内部邮件

各位辛苦了。

最近公司内部邮件的票据记录有不少遗漏，为了确认遗漏的票据被发往何处，我们花费了不少时间。

本公司发往营业所的邮件中，漏记部门名称的情况尤为突出，加之上个月有不少新兼职者负责这方面的工作，不仅记录不正确，还在分类工作上耗费了大量时间。

希望各位理解。

总务部　半泽爱

【提问】

上面是第二章的“练习问题 2-1”中提到的邮件。在记住练习问题 2-1 中关于“主题”和“期待的反应”的答案的基础上，接着思考“导论”，并回答以下两个问题。

问题 1 →该邮件的开头，导论必需的要素是否齐全？

问题 2 →如果要添加该邮件的导论，该怎么做？

参考答案 213 页

练习问题 3-2【导论】连续出勤表彰仪式

邮件名：关于连续出勤表彰仪式

销售第一部管理小组的水野君：

承蒙关照。

关于12月7日（周五）举行的对长年连续出勤者的表彰仪式，预定表彰对象是连续出勤三十年、二十年的人。

ABC人事总务部负责确认各部门符合条件的候选者，但无法确认贵部门中是否存在符合下列条件的人。

连续出勤三十年：1987年1～12月进入公司

连续出勤二十年：1997年1～12月进入公司

因此希望您能在百忙之中确认符合条件的对象。

*候选者必须是包括派遣时间在内的，在公司年数符合上述条件的人。

为了配合好表彰仪式的准备工作，最好在8月23日（周五）之前反馈您的调查结果。

拜托了。

总务部　半泽爱

【提问】

上面是第二章的“练习问题 2-2”中提到的邮件。在记住练习问题 2-2 中关于“主题”和“期待的反应”的答案的基础上，接着思考“导论”，并回答以下两个问题。

问题 1 →该邮件的开头，导论必需的要素是否齐全？

问题 2 →如果要添加该邮件的导论，该怎么写？

参考答案 214 页

• 练习问题 3-3【导论】电话系统的更换

邮件名：电话系统更换项目

总务部的各位：

大家辛苦了。

由于从本月 10 日（周一）开始将更换新的电话系统，预计今后以下咨询会增多。

————————————————————

①新电话机的操作、功能相关咨询

②更新后的语音邮件、系统相关咨询

————————————————————

①和②都可以咨询服务台，但已通知全公司员工，可通过公司内部网络上的“操作指南”和“FAQ 集”了解新电话系统的基本情况。

关于②，由于附加了新的选项功能，新系统的设定较为复杂，预计会成为咨询的热点。具体包括防信息误发送功能等，这些都将由服务台详细解答。

为此，服务台在 10 日（周一）到 21 日（周五）的基本工作时间内增加了一名工作人员。

另外计划以咨询内容为基础，持续更新 FAQ 集。

以上是所有报告。

请多加费心。

总务部　半泽爱

【提问】

上面是第二章的“练习问题 2-3”中列出的邮件。在记住练习问题 2-3 中关于“主题”和“期待的反应”的答案基础上，接着思考“导论”，并回答以下两个问题。

问题 1 →该邮件的开头，导论必需的要素是否齐全？

问题 2 →如果要添加该邮件的导论，该怎么做？

参考答案 215 页

• 练习问题 3-4【导论】QC 表彰仪式

邮件名：关于 QC 表彰仪式前的住宿

参加 QC 表彰仪式的各位：

2017 年度的 QC 活动表彰大会将如期于下周 24 日（周一）9 点在总公司大会议室举行。

• 请于 23 日（周日）23 点之前入住东都培训所。23 点为门禁时间，超过 23 点将无法办理入住。

• 23 日（周日）晚请在吃过晚饭后办理入住。如果在培训所食用自己购买的东西，请在食堂食用。

• 24 日（周一）早晨也请各位在用完早餐后再前往总公司。

→培训所不提供饭食。

* 携带物品

必须携带 ID 卡。另外还请自带洗漱用品、毛巾、睡衣等，上述物品培训所不提供。

* 交通路线参考（前往总公司的交通工具）

①利用 JR

从培训所步行 10 分钟到达阿佐谷站，从阿佐谷站乘坐 JR 中央线约 25 分钟到东京站，从东京站步行 5 分钟到达总公司。

②利用地铁

从培训所步行 3 分钟到南阿佐谷站，从南阿佐谷站乘坐丸之内线约 35 分钟到达大手町站，从大手町站步行 2 分钟到达总公司。

以上。

总务部　半泽爱

【提问】

上面是第二章的“练习问题 2–4”中提到的邮件。在记住练习问题 2–4 中关于“主题”和“期待的反应”的答案的基础上，接着思考“导论”，并回答以下两个问题。

问题 1 →该邮件的开头，导论必需的要素是否齐全？

问题 2 →如果要添加该邮件的导论，该怎么做？

参考答案 216 页

第三课

整理中心论点的两种思维方式

强化要点□理解 So What、Why So 以及 MECE

展开询问的答案

在导论中传达完邮件的整体概念后，接着来看邮件的中心论点。

第二章的第三课已介绍了在“写之前的准备”中如何将主题改成询问的模式，而中心论点则是针对该询问的答案。

请看卷首示例邮件的修订邮件。针对导论中的邮件主题“关于翻译演讲资料的报告与请求”可提出以下两个问题。

- 能在 8 日使用资料的翻译版吗？
- 对部长的请求是什么？

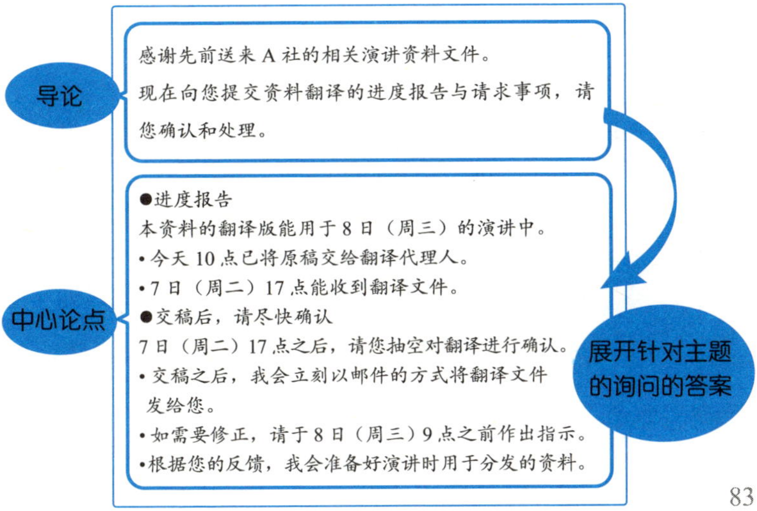

这两个询问的答案构成了邮件的中心论点。

中心论点构成中最重要的，是让收件人能轻松掌握并且接受的问题的答案，而用于整理思维的方法就是 So What、Why So 和 MECE。这也是逻辑性思维（逻辑思考）的基础。

✉ 答案分为结论与理由（解释）——So What、Why So

> So What（最终应该怎样）→最想要传达的诉求点、结论。
>
> Why So（为什么这么说）→支持结论的理由和具体的解释。

以卷首示例邮件为例，“能在 8 日使用资料的翻译版吗？”这一问题对应的“结论”（答案）是“该资料的翻译版能用于 8 日（周三）的演讲中”。这就是抽出了答案的核心部分，即 So What（最终应该怎样）

有的人在这一阶段就接受了邮件传达的内容，但有的人会进一步询问 Why So（为什么这么说）。如果对收件人而言，该结论十分重要，他就会要求理由和解释。

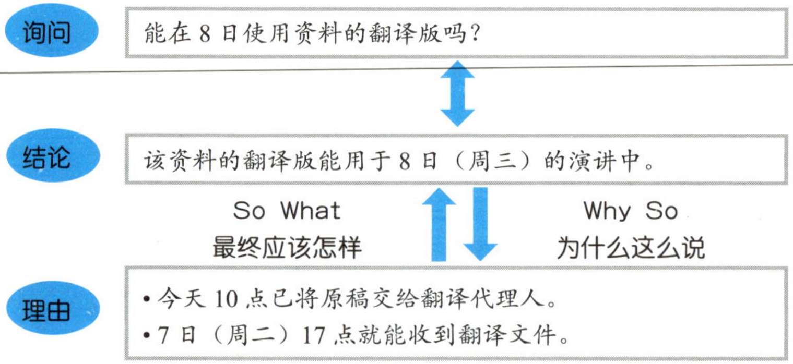

修订邮件增加了支持结论的理由。

将询问的答案分为结论和支持结论的理由（解释），并整理为与 So What、Why So 互相支撑的关系。这就是逻辑性说明的基础。

习惯了做这种整理后，按 So What → Why So 的顺序对信息进行说明，就能迅速传达要点。

✉ 无遗漏无重复地将理由（解释）进行分组——活用 MECE

MECE 是在确认答案要素是否过多或不足，以及对其进行分组时所使用的思维方式。

所谓 MECE，是 Mutually（相互独立）、Exclusive（无重复）、Collectively（整体）、Exhaustive（无遗漏）的缩写。也就是从相互独立、完全穷尽的关系上来考虑事物的整体。

举一个运用 MECE 概念的典型例子，即利用 MECE 将扑克牌分组。如果要将所有扑克牌无重复无遗漏地分组，怎么找切入点呢？

可以将扑克牌按“红、黑、王牌”进行分组，而后再将红分为“红心”和“方块”，将黑分为“黑桃”和“梅花”，进一步区分不同牌。

要说明某个结论的理由或对其进行解释时，不是单纯地罗列原因，而是将内容进行分组，会更方便对方从整体上掌握内容。实现无重复无遗漏的分组，能提高对方对结论的接受度。这也是用 MECE 进行分组的“目标”。

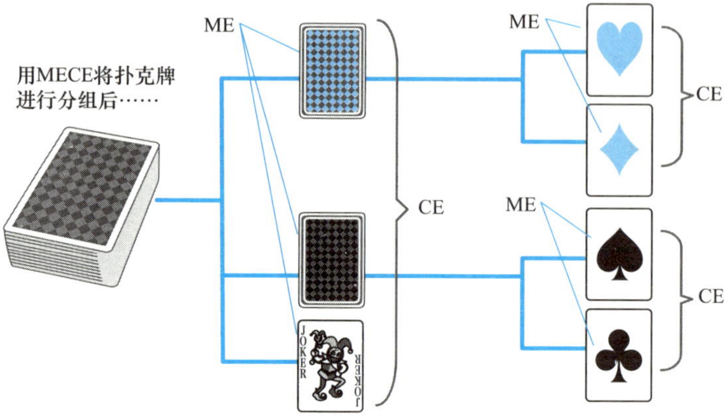

在卷首示例邮件的修订邮件中，对“资料翻译版能在8日使用”这一结论，给出了两个理由。

- 今天10点已将原稿交给翻译代理人。
- 7日（周二）17点就能收到翻译文件。

这两个理由并没有重复。从时间序列来考虑的话，“要在8日使用翻译版”也没有遗漏的事项。邮件后半部分还请求收件人对交还的稿件进行确认。

用图表示之前所说的So What、Why So的关系以及MECE的分组就一目了然了。以下是卷首示例邮件的报告内容。

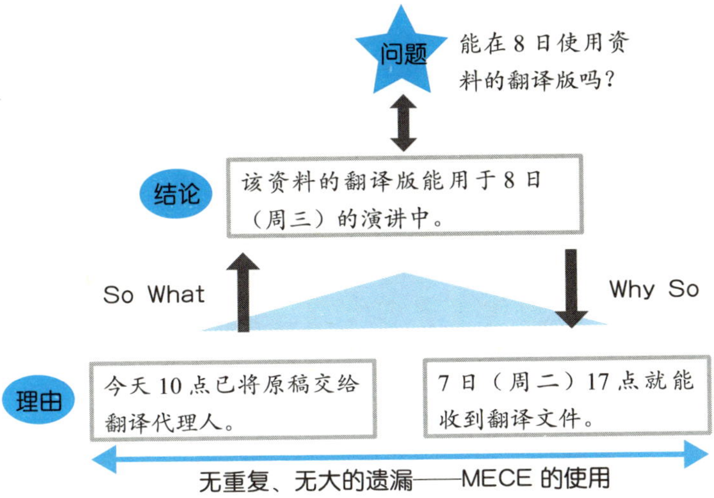
问题
能在8日使用资料的翻译版吗？
结论
该资料的翻译版能用于8日（周三）的演讲中。
So What
Why So
理由
今天10点已将原稿交给翻译代理人。
7日（周二）17点就能收到翻译文件。
无重复、无大的遗漏——MECE的使用

第四课 养成用“结构框”进行思考整理的习惯

强化要点□理解逻辑性说明的基本结构

用结构框的图来思考

本书将用图来表现逻辑性说明的基本结构，并将其称作结构框。

该图自上而下，从顶点起依次是，应该回答的问题、展示回答的 So What 结论、支持结论的理由（或者解释）。

要掌握逻辑性地整理思维和将思维条理化的基本能力，首先建议利用结构框的图来进行思考，这能帮助你用眼睛来确认说明内容是否形成逻辑性结构。

- 结论是否偏离问题？
- 结论和理由（或者解释）是否包含 So What、Why So 的关系？
- 是否利用 MECE，实现了理由无重复、无重大遗漏的分组？

你可以一面阅读本章的例题和练习问题，一面试着用图形来说明它们。通过反复练习，逐步在脑中形成结构框，养成按结构框来书写、说话、阅读和提问的习惯。

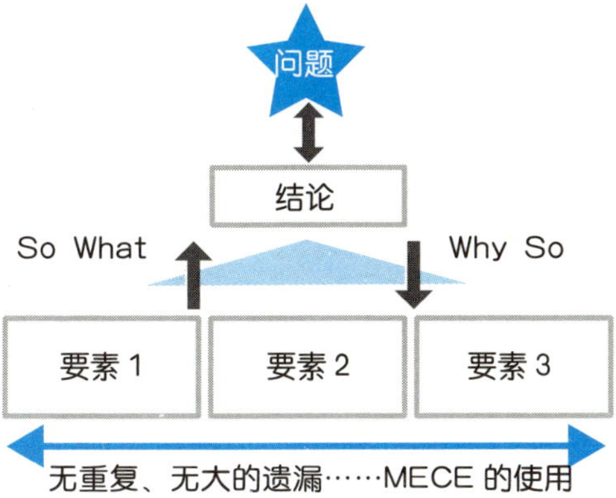

✉ 制作简单的结构框

制作结构框的关键在于尽可能选择简单的形式，以便对方记住说明的结构。

我们来比较一下下方的结构框 A 和 B，显然，纵向一体的 A 比两层阶段型的 B 更为简明。

想要快速且准确地传达邮件信息，请尽量选择像 A 一样简明的结构，最好将支持结论的横向框体模块数量控制在三个左右。

- 纵向整理：阶层为一层。
- 横向整理：三个左右。

当然，如果需要做详细说明的计划书或报告书，选择 B 结构也可以，这时，“结论框——第二层结构框”的结构就非常重要了。本章先以 A 结构为中心进行练习。

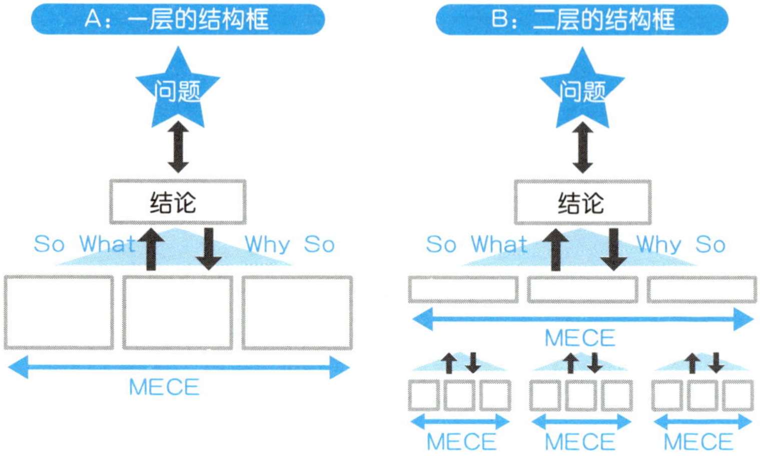
A：一层的结构框
问题
结论
So What
Why So
MECE
B：二层的结构框
问题
结论
So What
Why So
MECE
MECE
MECE
MECE

第五课

按要素分解、阶段、对照概念来完成分组化

强化要点□思考 MECE 的切入点

记住 MECE 的三种类型

使用 MECE 的方式思考时，要注意不同的划分方式会有不同的 MECE 类型。

MECE 共有三种类型。

• 要素分解　• 阶段　• 对照概念

• 要素分解

所谓要素分解，是将分组的对象分解为各个部分的思维方式。

例如，你要对你所在公司各部门所属的小组成员进行要素分解，你会怎么做呢？假如以职位为切入点，即使各部门有所不同，也可按“负责人、主任、课长、部长”来划分。如果以血型为切入点，则可分为“A 型、B 型、O 型、AB 型”这四种。

• 阶段

按阶段来划分则是根据不同的时间、过程，按“从起点到终点的流程”将整体分组的方法。

在卷首示例邮件中，修订邮件的结构框将“能在 8 日使用

翻译版”的理由，按时间流程切入可分为“今天10点已交出原稿”→“预定7日17点收到翻译文件”。

• 对照概念

所谓对照概念，是指将事物分为“表和里”“A和A以外”等“相对的”概念的方法，这在商务现场中经常使用，例如“该措施的优点是……，缺点是……”或“该金融商品的风险是……，回报是……”等等。

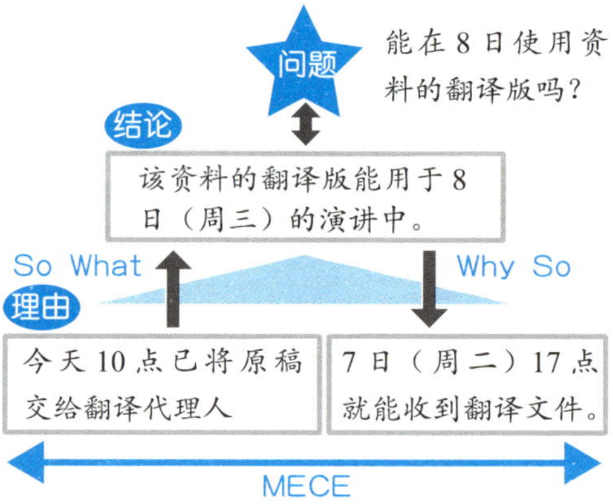

要实现无重复无遗漏的思考，最大的难点是找出划分整体的线索，所以使用MECE的诀窍首先是区别使用要素分解、阶段和对照概念，注意什么情况下用什么类型。

✉ 确认切入点和分组数量

使用MECE的诀窍之二是先展示分组的切入点。

比如当你做自我介绍时，可以利用MECE说明“我是谁”。如果从要素分解切入，可以以自己扮演的不同角色为切入点，把自己分为“职业人士”“家庭成员”“个人”。如果从阶段切入，可以将“曾经的我”“现在的我”“将来的我”作为切入点。

在结构框中，切入点一般表现在第二层框体关系中。上图的结构框表明“今天 10 点”“7 日 17 点”这一时间序列的切入点，再用第四章所练习的视觉化手法将它表达出来，就能让人快速地抓住信息的框架。

第三个诀窍则是弄清自己划分了几个切入点，并注意其数量。

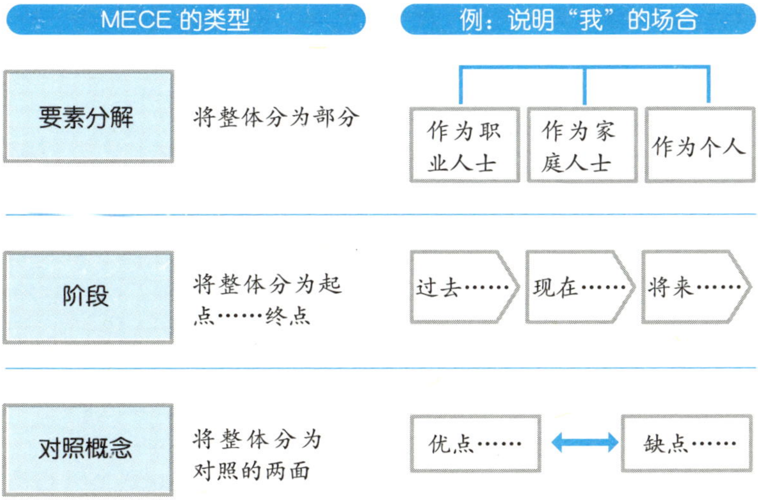

由于让收件人迅速理解信息结构是非常重要的，所以切入点的数量尽量控制在三个左右。如果是文书，最好控制在五个左右。

保持切入点与说明内容的一致性

第四个诀窍是保持切入点和说明内容的一致性。

以自我介绍为例，如果切入点是自己扮演的不同角色，那说明的方向可以是“在工作中奋斗在销售一线，在家庭中忙于照顾调皮的孩子，但一到休息日则投身于挚爱的五人足球运动”。

如果切入点是阶段，说明范例可以是“自进入公司后就从事销售活动，现在作为领导指导后辈，将来希望成为法人销售的行家”。

不同的切入点可能会导致说明内容的不同。从结构框图来看，第二层框体的切入点和内容相符，是实现逻辑性说明不可或缺的关键。请各位试着练习例题、练习问题、挑战问题。

热身1　收件箱的分组化

如果要将收件箱中的所有邮件按“要素分解、阶段和对照概念”来做不同的分组，你会怎么做呢？

【解答】

- 要素分解

“发给自己的邮件”“抄送给自己的邮件”“密送给自己的邮件”。

- 阶段

“上周之前收到的邮件”“昨天之前收到的邮件”“今天收到的邮件”。

- 对照概念

“来自企业内部的邮件”“来自企业外部的邮件”。

热身 2　自我介绍的分组

在自我介绍时，除了用之前所举的例子，再试着思考一下用 MECE 的“要素分解”“阶段”“对照概念”为切入点，还能得出什么结论。

【解答】

• 要素分解

“我对什么感到喜悦”“我对什么感到愤怒”“我对什么感到悲伤”“我对什么感到愉快”。

• 阶段

“学生时代的我”“初入职场的我”“转职到现在公司的我”。

• 对照概念

“积极的我”“消极的我”。

第六课

用“句子”的形式来思考结构框的内容

强化要点□明确 So What？/Why So？

不用词组，采用“什么”“为什么”的句子整理内容

利用结构框整理思路时，还有一个值得注意的地方，那就是不要用词组，而是用句子来思考各个框体的内容。

在培训制作结构框时，不少人只简单地陈列词组。的确，简短的词组能给人较强的冲击，但仅靠词组是无法正确表述 So What/Why So（最终应该怎样 / 为什么这么说）的关系的。

例如下图是为“本公司是否应该拓展宠物用抗老化维生素事业”的答案整理成的结构框，你能看出上下框体的 So What 与 Why So 之间的联系吗？

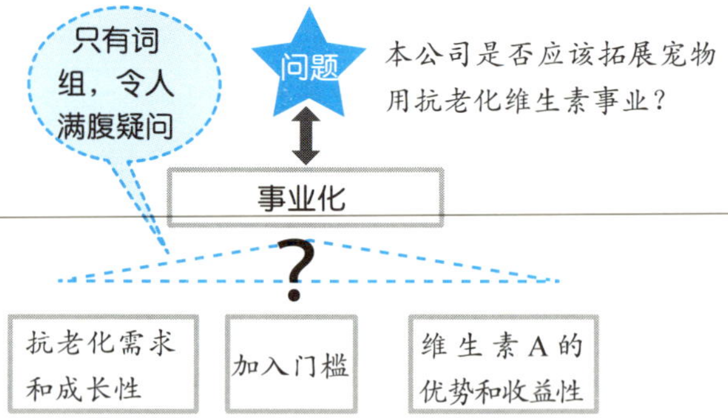

从图中可推测出结论是“拓展事业”，但很难看出下方框体究竟是如何支持该结论的。这会让人产生各种疑问，例如“抗老

化需求如何，成长性如何？”“该事业的加入门槛如何？”“维生素A的优势是什么，收益性如何？”回答这些问题的相关说明材料恐怕还在传达者自己的脑子里。

那么下一张图的结构框又怎样呢？这张图中的结论和支持结论的理由都不是词组，而是句子。

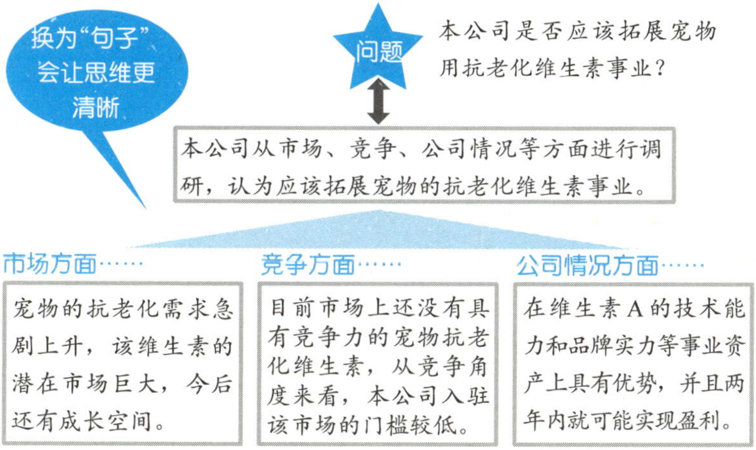

这样一来，不仅框体的内容便于理解，上下联系也简明易懂。从图中可看出，第二层框体的切入点是市场、竞争、公司情况。

结构框的基本要求是以句子的形式去思考“哪些该怎样做”“谁该做什么”，即明确主语、谓语、必要的宾语。

✉ 不简化必要的内容

养成以词组的形式来制作结构框的习惯后，往往容易将这种习惯表现在说明中，从而导致片段型说明。另外，词组化的结构框要转化为能让第三者理解的信息也需要花费一定时间。

从制作的阶段起就应当培养将思维“具体而简洁”地表现出来，确认 So What/Why So 的习惯，将自己想表达的东西简明地以“谁该做什么”“什么东西怎么样”的方式表现出来。

“具体而简洁”和“为简化而简化”是不同的，前者应当尽量用于商业实践，第五章将从口语表达的视角来解说具体性与简洁度。

第七课

用结语留下好印象

强化要点□记住归纳信息的要素

对对方的关心和感谢能让工作更顺利

正如第二课所述，邮件开头的导论大多从寒暄开始。同样，邮件结尾的结语，也应当选择合适的语言向对方表示关怀或表达感激之情。

- 非常感谢。
- 在您百忙之中多有打扰，非常抱歉，今后也请多多关照。
- 感谢您以往的照顾，这次辛苦您了。

尤其是“委托”“请求”或“催促”的情况，在结语中表达关心、感谢和敬意更能给收件人留下好印象。

从寒暄开始，再以寒暄结束，这是商务邮件的基本礼仪。

如果中心论点较长，可在结语中确认“期待的反应”

另一个需要在结语中注意的要点是，结语还承担了复习信息目的的责任。简短的邮件可忽略这一点，但如果中心论点较长，最好在最后再次确认期待的反应。

卷首示例邮件的修订邮件中，在最后加上了“可能会花费您一些时间，还请多多费心”这句寒暄。如果该邮件的长度再翻倍，可试着加入下方框内部分的要素，以便更准确地传达自己“期待的反应”。

可能会花费您一些时间，还请您对检查和修正作出指示。

例题 3-4【中心论点】业务改善项目

出差辛苦了。

向您报告关于业务改善项目的开始时间，请您确认。

讨论的结果是项目开始日期最好定在上期决算后的 10 月，这样便于获得相关部门的协助，有利于活动的推进。另外，考虑到销售总部与生产总部选拔参加该项目的人员也需要时间，所以从 10 月开始也比较合适。

因此，最后的决定是不提前项目的开始时间，仍旧和当初计划的一样从 10 月开始。

【提问】

上面是第二章的例题 2-1 中提到的邮件。开头的两行是例题 3-1 中导论的解答。请使用结构框来构成导论之后的中心论点（虚线框内）。

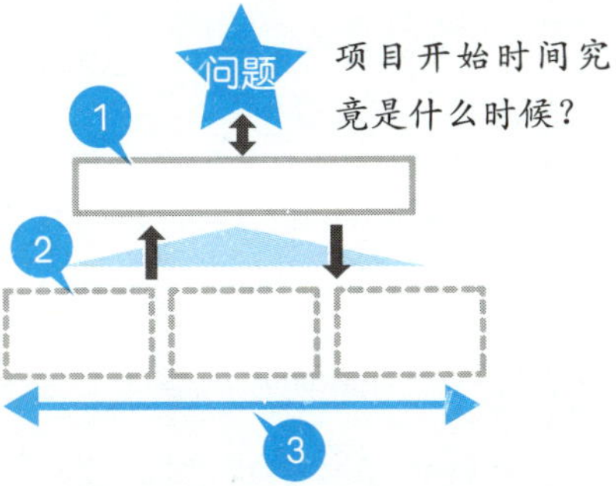

问题 1　将结论放入最上面的框内。

提示　回顾第三课，找出问题的答案 So What。

问题 2　将支持结论的要素放入第二层的框内。

提示　回顾第四课，将针对结论展示 Why So 的要素分别放入三个框内。

问题 3　确认第二层的要素无重复无遗漏，明示切入点。

提示　回顾第五课，活用 MECE。

【解说】

第二章的例题 2–1 中，邮件的主题是“关于业务改善项目开始时间的报告”，期待的反应是“希望佐和经理做出确认”。本章例题 3–1 为其制作了导论。

而这里，则使用结构框构成报告的结论和理由。

✉ 表明针对询问的 So What

先来解说问题 1。对于“业务改善项目的时间究竟是什么时候？”这一询问，把 So What（最终应该怎样）放在下方框内文字的最后就一目了然了。

项目按最初的计划于 10 月开始，不提前。

这是结构框最上面的框的内容，也是报告的结论。

第四章的第二课也会介绍，包括邮件在内的文书中，应按照先提出 So What 的原则和从上至下的顺序完成结构框。

但得出结论的讨论过程越是辛苦，越是耗费精力，传达者越是喜欢讲述讨论的详情，并将结论放在最后展示。这封邮件也是如此。因此牢记结构框顶端的“问题←→结论”是非常重要的。

✉ 将 Why So 分组

接着解说问题 2。邮件的结论是“项目将于 10 月开始”，思考 Why So（为什么这么说）的要素。这是结构框第二层的框体，为了让结构框尽可能简明，分组应控制在三个左右。

阅读正文后，可以用两段不同的文章来说明 Why So 的重点要素，因此在结论下方展开两个框体，放入下一页的 A 和 B。

A. 定在上期决算后的 10 月，这样便于获得相关部门的协助。

B. 考虑到销售总部与生产总部选拔参加该项目的人员也需要时间，所以 10 月开始也比较合适。

“得出结论的原因有 A”“得出结论的原因有 B”这两点构成了 Why So 的关系。反过来说，既然有 A 和 B，就能得出结论，这也让 So What 的关系成立了。这样一来，结构框的纵向就能将报告内容分为 So What（结论）和 Why So（理由）。

着眼“项目”，思考切入点

接着解说问题 3。要让第二层的两个框体之间的关系对收件人产生说服力，就以 MECE 为“标准”来思考。

理由 A 和 B 是不重复的内容，加上没有漏写的讨论结果，所以首先确认了无重复、无遗漏。

在此基础上来思考 MECE 三种类型的切入点以及两个理由的切入点。三种类型包括“要素分解”“阶段”和“对照概念”，那么应该使用哪一种呢？

在推动项目时，“活动内容”和“与此相配的资源”通常是配套的，可以以此进行思考。如果从对照概念出发，那么可以以项目的“活动”（理由 A）和“协调时间”（理由 B）作为切入点。

如果采用的类型是阶段，那么可以将项目的“准备阶段”（理由 B）和“活动开始后”（理由 A）作为切入点。

比起只单纯地展示两个理由，同时展示使用 MECE 的切入点更能让收件人理解讨论的深意。

【解答】

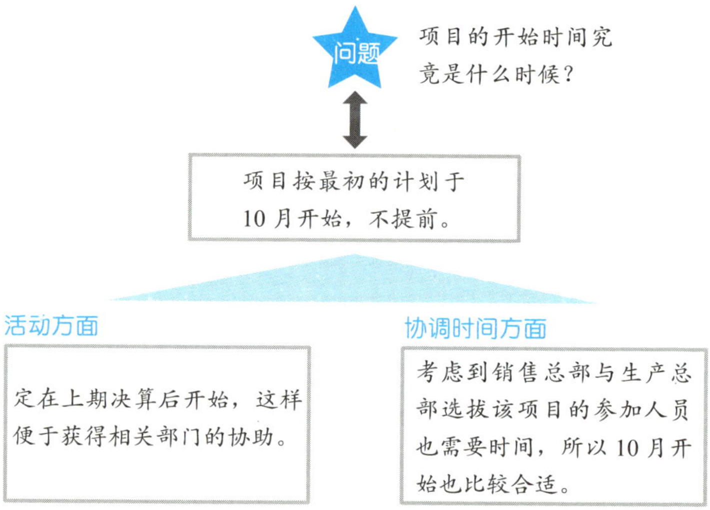

例题 3-5【中心论点】新语音邮件

在更新语音邮件系统之际，首先感谢各位对部门内部说明会的支持。

本部制作了“新语音邮件 FAQ 集”，并于上周在内部网上发表。

FAQ 集由各位在先前的培训中提出的问题和答案集合而成。

目前公司各部门打来大量电话咨询新系统的操作方法和指南，我们需要花费不少时间处理，咨询者不得不排队等待，虽然其中不少问题都在 FAQ 集中有答案。

另外，本部门疲于应付大量电话。如果能通过普及 FAQ 集减少电话咨询数量，会便于我们为大家提供更高品质的服务。

因此请大家配合我们，充分利用 FAQ 集。

【提问】

上面是第二章“例题 2-2”中提到的邮件。开头的四行是【例题 3-2】中导论的解答。请使用右方结构框来构成导论之后的中心论点（虚线框内）。

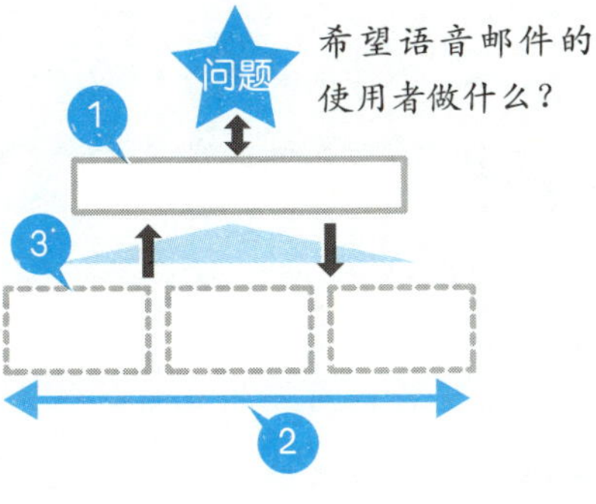

问题 1　将结论放入最上面的框内。

提示　回顾第三课，找出问题的答案 So What。

问题 2　思考针对结论展示 Why So 的要素的切入点。

提示　回顾第五课，活用 MECE。

问题 3　将展示 Why So 的要素放入第二层的框内。

提示　回顾第六课，注意写邮件时不要缩减必要的内容。

【解说】

第二章的例题 2-2 中，邮件的主题是“关于使用语音邮件 FAQ 集的请求”，期待的反应是“希望（使用语音邮件的部门的）各位课长指导部下使用 FAQ 集”。这里将请求的结论和理由构成结构框。

该邮件罗列了各理由要素，所以按“结论→第二层框体的切入点→第二层内容”的顺序来推进。

弄清针对询问的 So What

首先来解说问题 1。将“希望语音软件的使用者做什么”这个询问的答案，放在最后一段是不是就一目了然了呢？

A. 希望灵活使用 FAQ 集。

B. 希望在电话咨询之前使用 FAQ 集。

就结论而言，A 和 B 哪个更合适呢？

希望各位思考的点是：结论就是针对询问的答案，即“So What”。换句话说，就是希望各位找出最上方结论框中请求的要点。由于“电话咨询之前”是要点，所以 B 更为合适，A 则需要进一步找出 So What。选择 B 收件人就不需要再回顾导论了。

✉ 着眼于优势，先思考 Why So

问题 2 要求思考用什么切入点来划分理由，也就是利用 MECE 思考结构框第二层框体的切入点。我们首先来确认材料。

- FAQ 集是由各位在先前的培训中实际提出的问题和答案集合而成。
- 本部门接到大量电话咨询新系统的操作方法和指南。
- 需要花费不少时间来处理电话，导致咨询者不得不排队等待。
- 其中不少问题都在 FAQ 集中有答案。
- 本部门疲于应付大量电话。
- 使用 FAQ 集能便于本部门为大家提供更高品质的服务。

MECE 的重点在于使用时不要忘记目的意向。以这封邮件为例，要让收件人接受请求事项“在电话咨询之前使用 FAQ 集”，可以寻找对使用者有好处的切入点。

谨记“要素分解、阶段、对照概念”这三种类型的切入点，找出选用哪种类型更能凸显优势。

如果着眼于时间与质量，那么应用对照概念的“效率”“效果”，就能通过“时间效率”“可得到的服务质量”来对优势进行分组。从这两点出发，能实现不偏不倚且简明扼要的分组。

- 效率方面的优势→节省使用者的时间
- 效果方面的优势→提高使用者得到的服务质量

✉ 对 Why So 做具体说明

问题 3 是以设定的切入点为基础，在结构框的第二层中加入说明，即当对方针对结论询问 Why So 时，应该回复的说明内容。

邮件内容应该表明在电话咨询之前使用 FAQ 集能节约时间和提高服务质量。

这时的重点如第六课所介绍的一样，具体的优势要能够让第三者也一目了然，不做缩减，用详细的文字进行描述。

【解答】

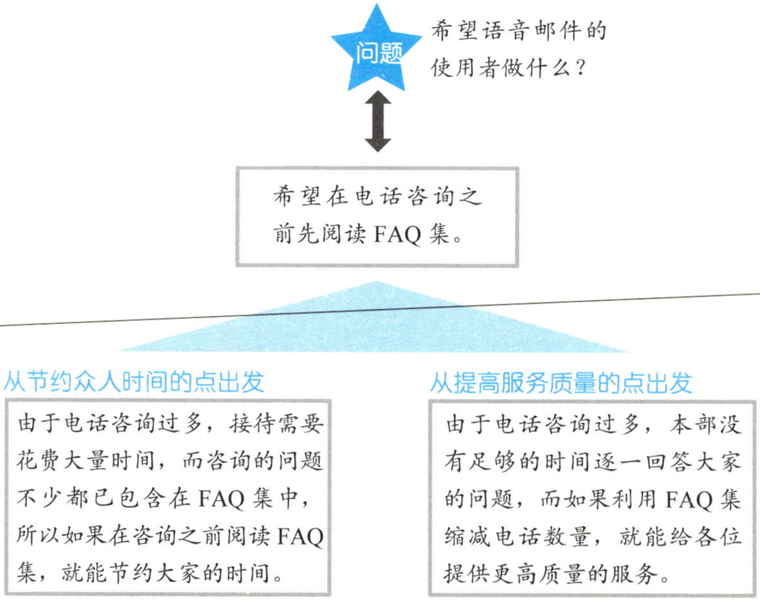

• 例题 3-6【中心论点】大纲制作

又到了阿尔法学院的大纲制作时期。

根据听讲者的反馈，我制作了大纲格式的修订案，建议根据它进行修改。如果可以的话，希望本周内能通过该修订案。

“和田的想法”

对于目前正在使用的大纲，听讲者在问卷调查中表示“难以理解培训内容”。具体而言，是学生无法通过大纲来掌握讲座的特点和具体内容。通过对大纲的实际调查发现，“培训内容”栏中多处培训重点不明，不同讲师制作的内容各有不同，更偏向于单纯的信息罗列。

“培训内容”一栏分为“培训目的”“内容和进阶方法的特点”“项目概略”会更好。设置“听讲者反馈”栏，也更便于展示听讲者的想法，掌握培训概况。经过这些改进，应该能将现有大纲变为可以传达讲座整体概念和特点的大纲格式。

【提问】

这是“例题 3-6”的应用。第二章的“例题 2-3”的提案邮件也能形成回答两个问题的结构。请以“和田的想法”为基础，使用结构框来整理中心论点。

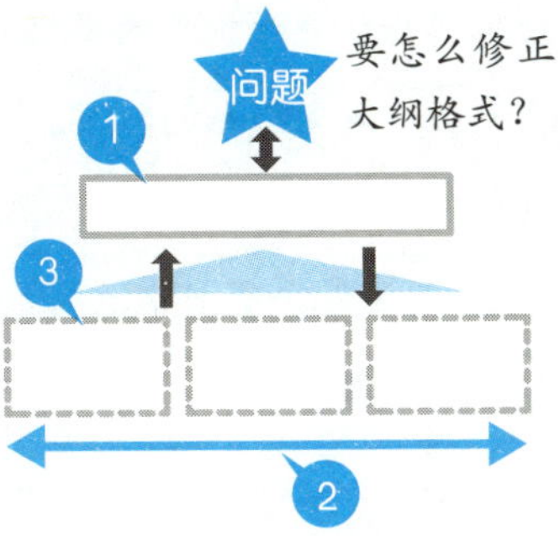

问题 1　制作第一个结构框。

提示　使收件人只看结论就能明白为什么要进行修正。

问题 2　制作第二个结构框。

提示　内容不得与第一个结构框重复，让收件人明白应该怎么修正。

【解说】

例题 3–3 中，和田写给上司山浦经理的邮件导论已经明示了主题“大纲格式的修订提案”和期待的反应“获得认可”，并且说明了在邮件中附加了修订案的文件。

要让邮件实现目的意向、速度意向，就必须让收件人在打开附件之前就明白提案的概要。接下来我们试着思考如何进行说明。

在打开附件之前就理解修订案的 So What

先来解说问题 1。位于结构框最上层框体内的结论是针对主题提出的问题的答案。

例题 2–3 中，将主题“大纲格式的修订提案”变为“如何修订大纲格式”的询问，站在问题的角度来看“和田的想法”，就能发现“听讲者在问卷调查中表示‘难以理解培训内容’”，进而从“将现有大纲变为能传达讲座整体概念和特点的大纲格式”这句话中找到问题的答案。

> 为了解决听讲者反馈的“难以理解培训内容”的问题，希望修订大纲格式。

如果要让收件人再进一步具体掌握 So What，提及“和田的想法”中的“培训内容”栏和“听讲者反馈”栏应该怎么样呢？

> 为了解决听讲者所反馈的“难以理解培训内容”的问题，希望修订大纲格式，增设“培训内容”栏和“听讲者反馈”栏。

看到这一结论，山浦经理就能对附件内容有一个大致了解。

邮件的原文（例题 2–3）中“希望将其修改为附件所示的格式”，这句话缺少结构框最上方的结论。

✉ 思考说明修订案的切入点

接着来解说问题 2。将支持结论的结构框的第二层进行分组，展示其切入点，即展示 Why So 在该情况下的具体内容是什么。

在该邮件中，以结论中明示的“变更‘培训内容’栏”“增设‘听讲者反馈’栏”为切入点是不错的选择。

修订要点有两个，“变更原本格式中的某些内容”和“在原本格式中增加某些内容”。将这两点以要素分解的方式在第二层结构框中依次展开。

如果利用 MECE 来思考并选择所使用的格式修订方法，除了变更或新增内容外，还可以“删除原本格式中的某些内容”。不过从“和田的想法”来看，这次似乎不需要“删除”。

- 变更原本格式中的某些内容→变更“培训内容”栏。
- 在原本格式中增设某些内容→新增“听讲者反馈”栏。
- 删除原本格式中的某些内容→这次无。

验证是否真的没有“删除”项之后，将“变更”“增设”作为切入点。像这样使用 MECE，就能确认提案内容是否合适。

具体地说明修订案

以“变更‘培训内容’栏”和“增设‘听讲者反馈’栏”这两个切入点为基础，思考结构框第二层的内容。

需要提醒大家注意的有两点：一是说明时要让对方了解变更和增设的具体细节；二是要表明通过修订，能让人更容易凭借大纲掌握培训内容，从而支持结论。

如果像该邮件这样，附件内容不是太复杂，那就只需按“导论→中心论点→结语”的结构来写。

如果附件内容较为复杂，那就要自问是否有必要写出结构框第三层的内容了。如果能尽早弄清在阅读附件之前收件人应该确认和认可什么，就能实现顾及对方时间的速度意向。

【解答】

问题　该如何修订大纲格式？

为了解决听讲者所反馈的“难以理解培训内容”的问题，希望修订大纲格式，变更“培训内容”栏和增设“听讲者反馈”栏。

变更“培训内容”栏

将“培训内容”栏分为“培训目标”“内容和进阶方法的特点”“项目概略”。由于现状是内容不统一且偏向于单纯的信息罗列，所以改为明示这三点的格式，展示培训的整体概念。

增设“听讲者反馈”栏

对连续讲座设置“听讲者反馈”栏，通过分享实际听讲的员工的感想，让人更容易了解培训的特点和大致内容。

例题 3-7【中心论点】大纲制作（应用）

又到了阿尔法学院的大纲制作时期。

根据听讲者的反馈，我制作了大纲格式的修订案，建议根据它进行修改。如果可以的话，希望本周内能通过该修订案。

“和田的想法”

对于目前正在使用的大纲，听讲者在问卷调查中表示“难以理解培训内容”。具体而言，是学生无法通过大纲来掌握讲座的特点和具体内容。通过对大纲的实际调查发现，“培训内容”栏中多处培训重点不明，不同讲师制作的内容各有不同，更偏向于单纯的信息罗列。

“培训内容”一栏分为“培训目的”“内容和进阶方法的特点”“项目概略”会更好。设置“听讲者反馈”栏，也更便于展示听讲者的想法，掌握培训概况。经过这些改进，应该能将现有大纲变为可以传达讲座整体概念和特点的大纲格式。

【提问】

这是“例题 3-6”的应用。第二章的“例题 2-3”的提案邮件也能形成回答两个问题的结构。请以

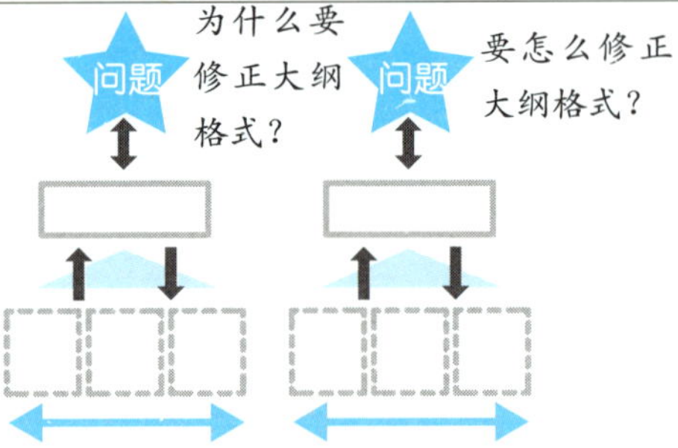

“和田的想法”为基础，使用结构框来整理中心论点。

问题 1 制作第一个结构框。

提示 使收件人只看结论就能明白为什么要进行修正。

问题 2 制作第二个结构框。

提示 内容不得与第一个结构框重复，让收件人明白应该怎么修正。

【解说】

之前所介绍的都是以一个结构框来构成邮件的中心论点，但如果遇到需要强调多个重点的情况，为了凸显这些重点，也可以采用多个结构框。

划分问题时突出收件人所关注的点

在例题 3–6 的简单结构中，结论提及了作为修订背景的听讲人反馈，但山浦经理并不知道修订这一背景的缘由。如果他是重视理由的人，那就要考虑他可能提出背景（为什么要修订）和修订的方法（该怎么修订）这两个问题。

A. 提案的背景→为什么要修订？

B. 修订的方向→该怎么修订？

为这两个问题准备结论，并整理出它们各自的结构框，就能凸显出背景和修订方向的 So What。

回答张弛有度

多个结构框的整体构造要比单个结构框复杂得多，因此特别是邮件、较短的文书以及短时间的口头说明，都必须重视张弛有度。具体而言，就是要思考只通过结构框说明最上方的结论，还是连第二层框体内容也进行说明。

该邮件的目的是要收件人认可修订案，因此在邮件中不仅要说明 A 结构框的结论，还要说明第二层的内容。

先来解说问题 1。将“为什么要修订”这个问题的答案按之前所述，组建从上至下的结构框，充实结论，以求不必说明第二层也不会让收件人产生“怎么回事？”“具体如何？”“真的吗？”等疑问。

> 通过对大纲的实际调查发现，听讲者在问卷调查中表示“难以理解培训内容”。实际上，由于不同讲师制作的内容各有不同，现有大纲更偏向于单纯的信息罗列。

这一结论表示和田已经确认大纲存在听讲者反馈的问题，并且用两到三行进行说明，不会花费收件人太多的阅读时间。

第二层虽然没有在邮件中具体描述，但以结论所展示的“听讲者的反馈”“大纲实际存在的问题”为切入点，也能展开其内容。

✉ 确认两个回答没有重复

接着来解说问题 2。要注意第二个询问“该如何修订”的结构框不能与第一个结构框的内容重复。

假如两个询问的答案如下，你觉得如何呢？

为了准确传达讲座的整体概念及特点，希望变更“培训内容”栏和增设“听讲者反馈”栏。

第二层框体的切入点使用了例题 3–6 所设定的内容。

- 变更原本格式的某些内容→变更“培训内容”栏。
- 在原本格式中增加某些内容→新增“听讲者反馈”栏。

该例子中，两个结构框的最上方展示的部分表明了中心论点的 So What，这两个框体的内容就是希望传达给山浦经理的要点。

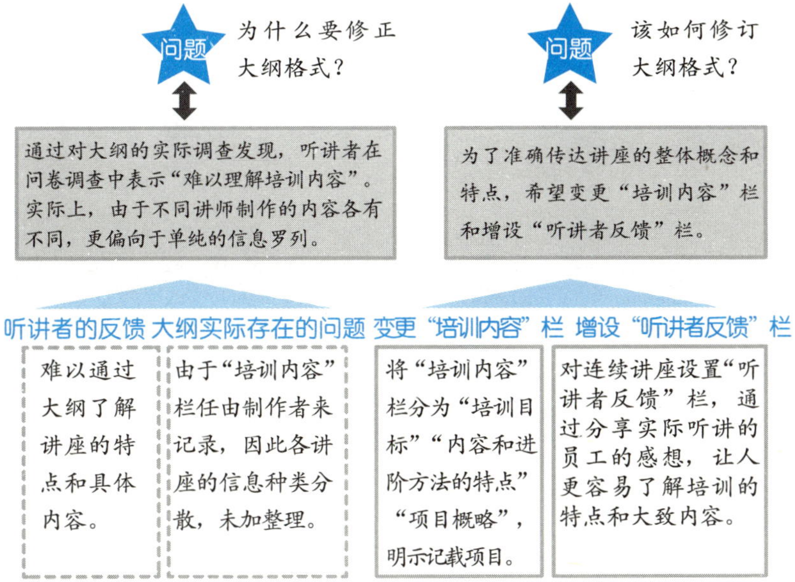

（注）虚线框内是该邮件未描述的部分。

【解答】

如果你脑海中能浮现“询问→结论框体→第二层框体”这样的结构框，也就意味着你已经习惯了 So What/Why So、MECE 的思维方法。接下来的练习能让你更熟悉结构框，切实掌握其制作方法。另外，将日常接收的邮件、文书、语言作为结构框的练习，也是对阅读和说话的良好训练。

练习问题 3-5【中心论点】公司内部邮件

各位辛苦了。

为了实现通过内部邮件对资料和文件的快速传递，希望得到大家的协助。

最近公司内部邮件的票据记录有不少遗漏，为了确认遗漏的票据被发往何处，我们花费了不少时间。

本公司发往营业所的邮件中，漏记部门名称的情况尤为突出。加之上个月有不少新兼职者负责这方面的工作，不仅记录不正确，还在分类工作上耗费了大量时间。

【提问】

上面是第二章的“练习问题 2-1”中提到的邮件。开头的三行是“练习问题 3-1”中导论的解答。请使用结构框来构成导论之后的中心论点（虚线框内）。

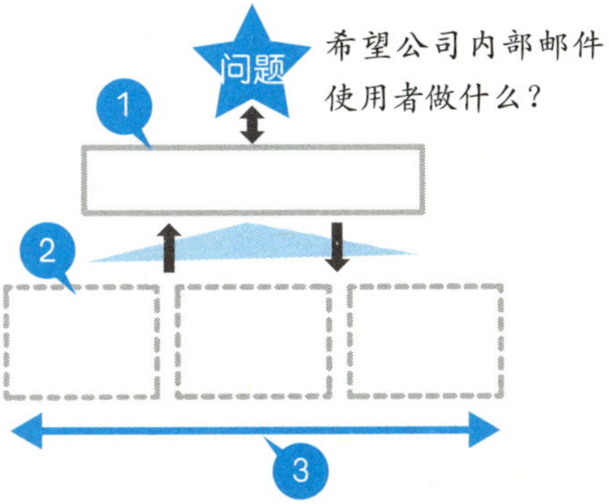

问题 1　将结论放入最上面的框内。

问题 2　将支持结论的要素放入第二层的框内。

问题 3　确认第二层的要素无重复无遗漏，明示切入点。

练习问题 3-6【中心论点】电话系统的更换

从4月10日（周一）开始将更换新的电话系统，在此报告咨询相关的应对方案，如果有任何问题或需要讨论的事项，请务必指出。

预计今后以下咨询会增加。

----

①新电话机的操作、功能相关咨询

②更新后的语音邮件、系统相关咨询

----

①和②都可以咨询服务台，但已通知全公司员工，可通过公司内部网络上传的“操作指南”和“FAQ集”了解新电话系统的基本情况。（3月20日上传）

关于②，由于附加了新的选项功能，新系统的设定较为复杂，预计会成为咨询的热点。具体包括防信息误发送功能等，这些都将由服务台详细解答。

为此，服务台在10日（周一）到21日（周五）的基本工作时间增加了一名工作人员。

另外还计划以咨询内容为基础，持续更新FAQ集。

【提问】

上面是第二章的“练习问题2–3”中提到的邮件。开头的三行是“练习问题3–3”中导论的解答。请使用结构框来构成导论之后的中心论点（虚线框内）。

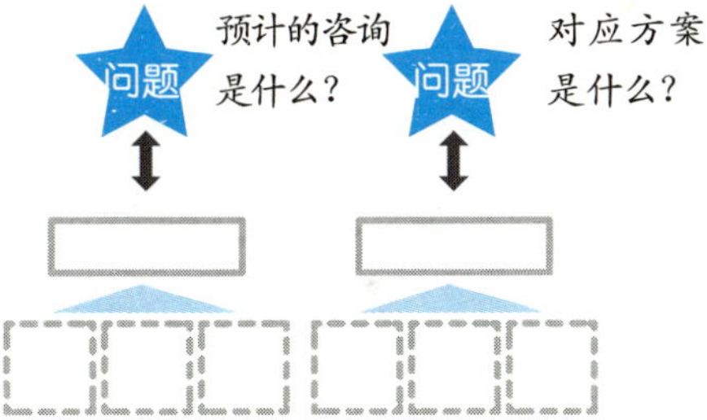

问题1　制作第一个结构框。

问题2　制作第二个结构框。特别需要注意的是第二层框体的切入点。

问题3　确认已明示最上方的两个结论框体中报告的So What。

练习问题 3-7【中心论点】连续出勤表彰仪式

承蒙关照。

关于12月7日（周五）举行的对长年连续出勤者的表彰仪式，向您确认销售第一部的表彰对象。

希望您能提供协助。

预定表彰对象是连续出勤三十年、二十年的人。ABC人事总务部负责确认各部门符合条件的候选者，但无法确认贵部门中是否存在符合下列条件的人。

连续出勤三十年：1987年1～12月进入公司

连续出勤二十年：1997年1～12月进入公司

因此希望您能在百忙之中确认符合条件的对象。

* 候选者必须是包括派遣时间在内的；在公司年数符合上述条件的人。

为了配合好表彰仪式的准备工作，最好在8月23日（周五）之前反馈您的调查结果。

【提问】

上面是第二章的“练习问题2-2”中提到的邮件。开头的四行是“练习问题3-2”中导论的解答。请使用结构框来构成导论之后的中心论点（虚线框内）。

前提：根据“A.请求的背景是什么？”“B.请求的内容是什么？”“C.到什么时候为止？”这几个问题分别制作结构框。

问题1　制作前提A、B、C各自的结构框（部分可去掉第二层框体）。

问题2　确认B的结论框中明示了请求内容的So What。

• 练习问题 3-8【中心论点】QC 表彰仪式

2017 年度的 QC 表彰大会将如期于 24 日（下周一）9 点在总公司大会议室举行。关于在东都培训所的住宿问题，有一些需要注意的地方需要联络各位进行确认。

• 请于 23 日（周日）23 点之前入住东都培训所。23 点为门禁时间，超过 23 点将无法办理入住。

• 23 日（周日）晚请在吃过晚饭后办理入住。如果在培训所食用自己购买的东西，请在食堂食用。

• 24 日（周一）早晨也请各位在用完早餐后再前往总公司。

→培训所不提供饭食。

* 携带物品

必须携带 ID 卡。另外还请自带洗漱用品、毛巾、睡衣等，上述物品培训所不提供。

* 交通路线参考（前往总公司的交通工具）

①利用 JR

从培训所步行 10 分钟到达阿佐谷站，从阿佐谷站乘坐 JR 中央线约 25 分钟到东京站，从东京站步行 5 分钟到达总公司。

②利用地铁

从培训所步行 3 分钟到南阿佐谷站，从南阿佐谷站乘坐丸之内线约 35 分钟到达大手町站，从大手町站步行 2 分钟到达总公司。

→约 40 分钟。早高峰时间电车可能会迟到，请各位提前出发。

【提问】

上面是第二章的“练习问题2–4”中提到的邮件。开头的三行是“练习问题3–4”中导论的解答。请使用结构框来构成导论之后的中心论点。

前提：根据“A.培训所的入馆时间是几点？”“B.饭食呢？”“C.携带物品呢？”“D.交通工具呢？”这几个问题分别制作结构框。

问题1　制作A、B、C、D各自的结构框（部分可去掉第二层框体）。

问题2　确认D的结论框中明示了交通工具相关的So What。

• 练习问题 3-9【中心论点】海洋性胶原蛋白

【状况设定】

基础研究部的山本参与了提取用于制作美容营养剂的海洋性胶原蛋白的技术开发项目。目前研究已获得了阶段性成果，能有效提取吸收性良好的胶原蛋白的技术正逐步完善。现在已在讨论制订能将该技术商业化的计划，因此要向关注海洋性胶原蛋白商业化的商品开发部经理齐藤确认以下两点。

• 要将海洋性胶原蛋白用于怎样的商品中？

• 如何应对使用海洋性胶原蛋白时的安全性和成本问题？

【导论】

感谢一直以来分享宝贵的信息。

关于正在研究中的海洋性胶原蛋白的商业化可能性，我有一些问题需要向齐藤君进行确认，因此才冒昧联络。

若能赐教，感激不尽。

请原谅我的唐突，希望能得到您的协助。

【提问】

上面是第二章的“练习问题2–6”中提到的状况设定和对齐藤经理的请求邮件的导论。请使用结构框来构成导论之后的中心论点。

问题1　要从齐藤经理那里得到期待的反应，是否还需要其他信息？如果需要，是什么？

问题2　参考练习问题3–7中的前提来制作三个结构框（部分可去掉第二层框体）。

问题3　制作的结构框是否足以让齐藤经理做出行动？

• 练习问题 3-10【中心论点】料理机器的更换

【状况设定】

总务部的儿玉发邮件联络机器制造商加藤，了解员工食堂的厨房区域的料理机器更换问题。以下是整理邮件内容时所写的清单。

• 针对前日提出的预算问题进行联络。

• 请将煤气炉变更为功率 12.3kW 的产品。

• 请将更换机器的作业时间从两天减少到一天半。

• 作业内容包括检查所有机器是否能正常运作。

• 请在 10 月 20 日（周五）之前再次提交预算。

• 更换机器请在 2 月 10 日（周六）至 11 日（周日）或 2 月 17 日（周六）至 18 日（周日）进行（已告知过加藤）。

• 12 月 11 日（周一）进行搬入路径和设置位置的事前确认。

• 预定后天与加藤面谈。

【导论】

一直以来承蒙关照。

多谢前日送来敝公司员工食堂厨房机器的相关预算。

本邮件将反馈讨论的结果、重新估计预算的请求以及今后预定的具体联络表。

这也许会花费您一点时间，您费心了。

【提问】

上面是第二章的“练习问题2-7”中提出的状况设定和导论。请使用结构框来构成导论之后的中心论点。

问题1　注意导论的下划线内容，将状况设定的信息分为两部分。

问题2　根据分好的信息制作两个结构框。

问题3　确认最上方的两个结论框明示了该邮件的So What。

挑战问题 3-1【中心论点】员工不满的背景

【状况设定】

- 随着本部门海外事业的扩大，需要翻译的资料文件急剧增加。
- 因此与外部翻译公司签订了合同，将翻译外包。

管理负责人将充当员工与翻译公司之间的窗口，管理外包翻译。

- 最近，不少员工对管理负责人表示了不满。
  - 翻译中存在明显错误。
  - 过于直译，导致难以理解原意，这样下去很难提交成品。
  - 连不必翻译的省略语也翻译，反而导致意义不明。
- 通过精查翻译公司交还的稿件发现果然如员工所指责的，翻译质量低是事实。

【提问】

这次我们脱离邮件来练习结构框的制作方法。根据状况设定，员工对委托翻译公司翻译的文件质量提出了不满。如果此时上司指示你报告“员工不满的原因”，那么为了整理问题点，你通过调查明确了以下内容。

【通过调查明确的内容】

①本公司与翻译公司为了保证翻译资料的质和量，制定了应当在校稿期限的多少天之前完成翻译工作的规则。

②由于翻译时间较短，翻译者无法对本公司资料中的大量特殊用语和内容进行检查讨论，也无法在翻译后进行校勘。

③本公司未曾进行调查活动，听取内部人员对翻译稿的反馈，需明确造成现状的原因和对策。

④本公司未曾在交稿后对翻译公司反馈员工希望提高翻译质量的呼声，且未曾掌握翻译公司的需求。

⑤翻译结束后通常会由翻译公司的第三者进行最终校对，修正错译和不恰当的翻译，但由于交稿期限迫近，最终校对并不完善。

⑥翻译能力较高的译者最近均已有稿件安排，因此临近截稿期才提交的委托无法交给老手负责，只能分配给翻译能力较低的译者。

⑦由于本部门员工大多不了解委托翻译的相关规则，不少员工违反规则，在临近截稿前才进行委托。

请使用结构框来构成报告内容。①～⑦是结构框的第三层要素，第二层和第三层框体的数量请注意控制在三个左右。下图仅供参考。

问题 1　利用 MECE 将①～⑦分组，分组控制在三个左右，并思考第二层框体的切入点（相当于图中的 A、B、C）。

问题 2　在第二层框体中放入第三层要素 So What（最终应该怎样）。对这一内容提出疑问 Why So（为什么这么说），以确认第三层的内容。

问题 3　如果针对第二层框体的要素提出疑问“部门员工不满的原因”，应该如何回答？将 So What 放入结论框中，并确认被提问 Why So 时第二层的内容。

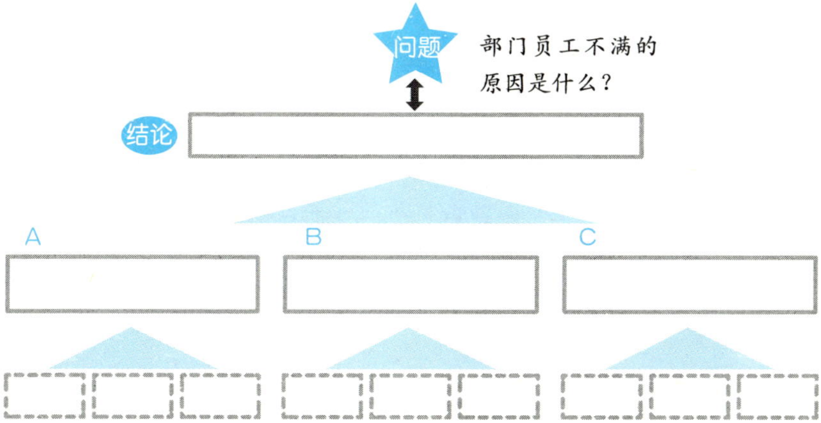

挑战问题 3-2【中心论点】对顾客A的调查

很遗憾，我对贵公司的接线员不太满意。明明广告中说“接线员就是您的商品导购”，但实际上呢？当我中意并下单的商品缺货时，接线员本来只需要回答“那您看另一款代替产品如何？”或者“何时能准备好”就行了，但他却只回复“缺货中”，根本不懂如何服务客户。而且商品目录中没有料子的透明度等材质和具体大小尺寸之类的细节，当我向接线员咨询意见时，有的只会给一些莫名其妙的答案，有的则只会含糊其辞，说“不同人的感觉不同”，根本无法给我建议。简单来说，他们根本算不上商品导购，对顾客也没有足够的服务精神。既然算不上合格的商品导购，那么对于“商品编号△和□的料子和颜色是否相同？”“商品编号○的长度大概是多少？”等有关的材质、尺寸、颜色等问题也很难立刻给出回答。另外在咨询促销活动的安排或下一期商品目录的发行时间时也一样，接线员只会说“请稍等”，然后似乎是在向其他人进行确认。总之接线员的脑子里根本不具备商品和销售的相关知识，即使是最基本的咨询也得不到满意的答复。贵公司的商品确实品质优良，希望也能将接线员的服务水平提高到同样的档次。

【提问】

这是A顾客给呼叫中心的反馈。请使用结构框整理结论以及支持结论的要素，将A不满的要点报告上司。

问题1　设定询问的问题。

问题2　利用MECE将A的反馈分组并控制在三个左右，思考第二层框体的切入点。

问题3　进一步对已分组的内容使用MECE，思考第三层的框体切入点。

问题4　在关注问题答案的基础上，将第三层、第二层、最上方框体的内容以从上而下So What/Why So的层次放入框体中。

第四章

视觉化

写作的目标是“一目了然”！

迅速且正确传达信息的写作方法

第一课

记住“快速浏览也能正确传达信息”的写作方式

强化要点□让结构视觉化的方法

一目了然的写作方法能引导出期待的反应

前面的章节介绍了要写出快速且准确的邮件应当做的准备，练习了信息的结构，接下来要练习在邮件中使用表现结构内容的方法。

这里所说的表现是指一目了然的写作方法——视觉化，也就是让收件人在仔细阅读之前快速扫一眼就能掌握“这封邮件是这样的内容、这样的顺序”“这里是要点”。

你是否也遇到过打开邮件就觉得“内容太繁杂，只能稍后再看”，或者烦恼于“内容的重点究竟在哪里”的情况呢？

为了不让收件人也有同样的遭遇，写出一封让收件人在打开的瞬间就能掌握重要信息而不必全部阅读的邮件是非常重要的，尤其是商谈或委托型邮件更是如此。

通过这样的邮件让收件人产生想要“马上阅读”的心情，从而引导其迅速做出回应，以此推动邮件所涉及项目的快速进展。

让结构框一目了然的写作方法

一眼就能了解信息的整体结构，领悟 So What（最终应该怎样）这一要点——这就是视觉化展现结构的表现。

第三章介绍的“导论→中心论点→结语”的信息流程是让对方一眼就能弄清“这里是导论，这里是中心论点，这里是结语”

的大前提。

重点在于，结构框整理出来的关于中心论点的纵横关系是清晰可见的。

制作结构框就是自己通过思考或写草稿来进行整理思路的过程，实际上结构框本身并不会被写入邮件中，因此要让结构框的纵横关系可视化。

下图是将结构框视觉化和文章化的例子。

首先通过导论了解“主题”和“期待的反应”，接着就能一眼看到结论和A、B、C三项。

该图是三层的结构框，但邮件一般只有两层。无论有几层，视觉化的方法都是共通的，因此请利用日常工作中的邮件来进行练习。通过反复练习，在大脑中描绘结构框，就能逐渐掌握邮件和文书的制作方法。

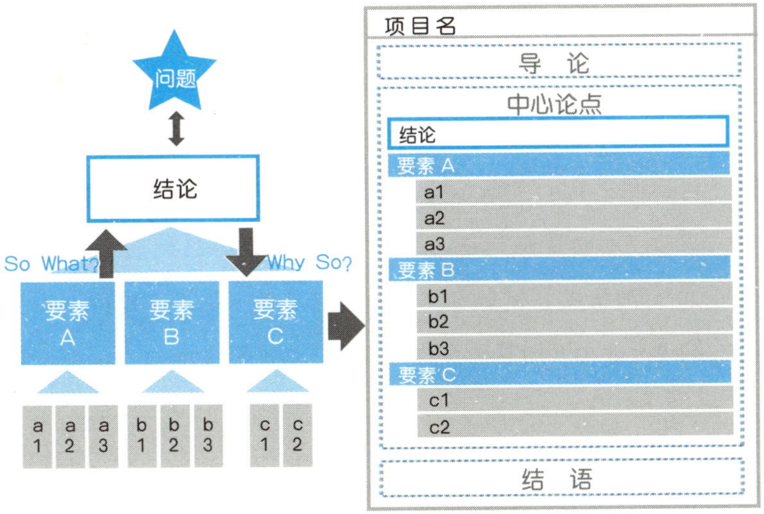

第二课

先提出 So What 的原则

强化要点□按从上至下的顺序完成结构框

结论要写在中心论点的最上方

由结构框构成的中心论点，基本原则是先写明最重要的结论，再在其下方的第二层框体阐述内容（理由、解释）。

例如在邮件的导论中写道“报告本日与 A 公司的面谈，请确认”，明示了主题和期待的反应。这样一来，收件人就会思考“面谈最后怎么样了”“报告的重点是什么”。

因此在导论下方，中心论点的起始部分写明结论：“面谈报告的重点是这个”，这样展示主题和与主题相关的 So What（最终应该怎样），显得直截了当。

如果需要快速传达信息，无论是文字还是口述，都要注意让主题和结论的位置靠近。正如结构框的形状一样，中心论点的展开是从结论下方提出 So What。

当然，在传达结构框的内容时，有时也会遇到最后表现 So What 更好的情况。例如希望对方一边思考一边推导出结论的演讲，或者一开始表明结论会让内容显得无聊的读物。

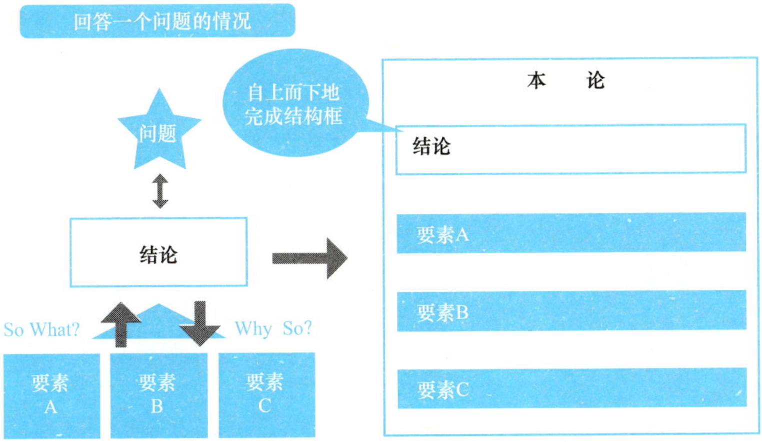

但如果是需要快速推进工作进程的信息，就必须先摆出 So What。我们商务人士所写的邮件、大多数的商业资料以及大多数的口头说明都适合先提出 So What。

✉ 读一半就能明白要点

正如第三章的练习一样，以简明的两层结构框来构思邮件是基本。比如需要回答的问题有如下两个："与 A 公司的面谈结果怎样""需要商谈的待决问题是什么"，就应当如下页图一样整理两个结构框。这时也应该在各自的结构框中遵从"先提出 So What"的原则。

像这样将各个疑问的结论在分组的开头明示，人们就只需要浏览结论 1、结论 2。这样一来只阅读包括导论在内的约一半的邮件内容就能掌握邮件要点。

再使用接下来介绍的视觉化诀窍，能更清晰地展示重点。

这种不浪费对方的时间，快速且准确地传达自己意图的技巧，是商务人士必须掌握的。

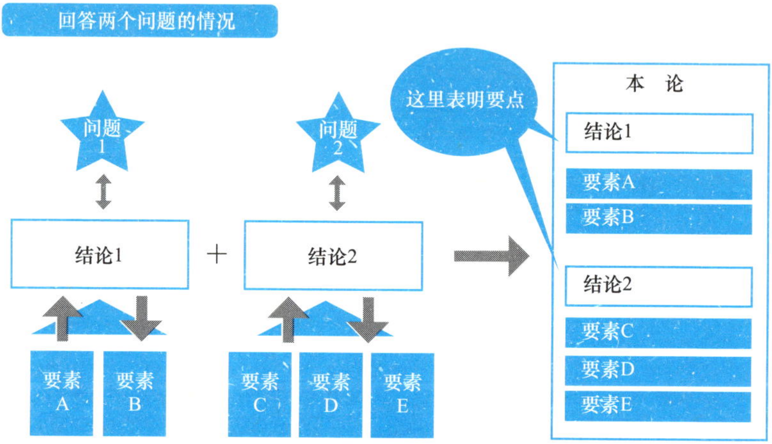

第三课

视觉化的诀窍①：灵活利用空间 & 符号

强化要点□表现结构框的形状

用上下空间明确导论、中心论点、结语

信息是按导论→中心论点→结语的流程展开的。能够让收件人在打开邮件时就从视觉上明确区分这三点的，就是上下空间。

在导论结束后空一行再开始写中心论点，同样，在中心论点结束后空一行再写结语，通过在导论、中心论点和结语之间设置空白行的空间，实现从视觉上将正文划分为三个部分的目的。

使用符号表示分组数量

在中心论点中，还要灵活使用能向收件人展示结构框纵横关系的记号。

卷首示例邮件使用了“●”和“•”的符号。“●”让“进度报告”和“交稿后请进行确认”这两个主题更为醒目，让收件人明白对方想传达的内容大致有这两点。

在下方写明各自的 So What（最终应该怎么样）。结构框最“上方”是结论。这样一来，要点就一目了然了。

在结论下方展示 Why So（为什么这么说）的理由前使用了“•”符号。由于这也是结构框的第二层，所以按制作时利用 MECE 分组的数量进行划分。

在必读的最重要的部分前加上“●”符号，给可读的追加信息加上“•”符号，以表明不同的内容层级，便于阅读。

当然，符号并不一定非得是“●”或者“•”。只要选择像“●”和“•”这样能表明上下层级、使人一目了然的符号即可。

✉ 用文字开头的空间来表明层级

能进一步有效表明不同层级的还有每一行开头的空间。通过在每行开头留白不仅能让 So What/Why So 的关系更加视觉化，还能让人感觉清爽，能更快掌握“内容包括哪几层结构”。

卷首示例邮件中，第二层的“•”之前有少许留白，让人一眼就明白用“●”分组的说明是二层结构。

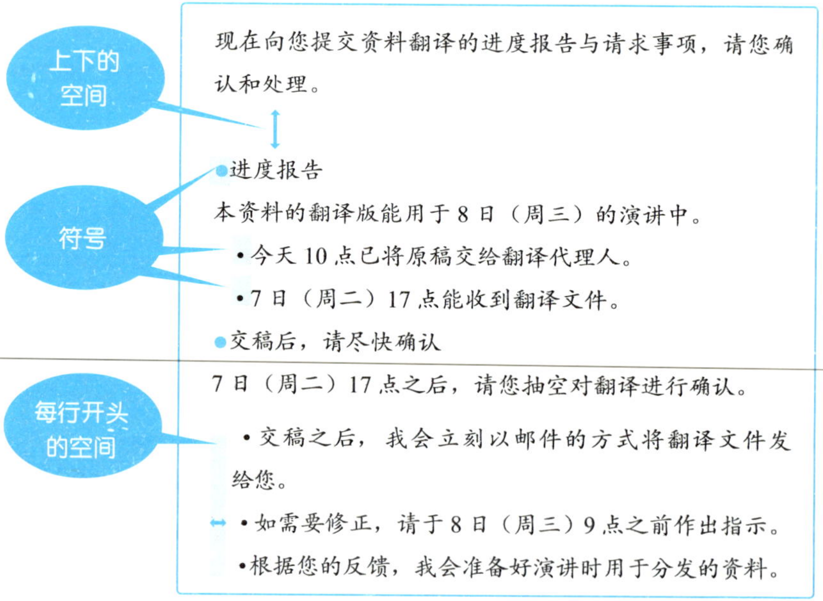

第四课

视觉化的诀窍②：附加索引

强化要点□突出信息的结构和重点

明示中心论点的结构

除了使用空白和符号之外，让结构框视觉化不可或缺的还有有效的索引。

这里所说的索引是指表明中心论点被分为几组的项目名。

例如卷首示例邮件的修订邮件中，“●”的部分就包括“进度报告”和“交稿后，请尽快确认”这两个索引。

该邮件的导论已说明“下面是翻译资料的进度报告与请求事项”，通过附加索引，能让收件人准确地掌握信息结构。

只要能抓住导论和索引的结构，就能提高收件人的阅读意向。

快速浏览时，索引是不可或缺的

同时将“●”这样的视觉性符号用于展示信息整体的索引中，能让这部分更加突出，因此将诸如示例邮件中“7日（周二）17点”这样不打算隐藏于文字中的信息放到索引的正下方，效果尤为显著。如果你不想在导论中显示委托日期，但又想突出其存在，那么可以尝试使用“索引＋符号”的方法。

当“●”有两个或三个时，附加索引可以让人“从关注的部分开始阅读”或“从关心的信息开始阅读”。例如，如果在委托邮件中设置“●希望的日程安排”这个索引，那么有的人就会草草浏览委托内容，直接从日程安排开始看起。

如果没有索引，则很难了解整体的结构

●本资料的翻译版能用于 8 日（周三）的演讲中。

•今天 10 点已将原稿交给翻译代理人。

•7 日（周二）17 点能收到翻译文件。

●7 日（周二）17 点之后，请您抽空确认翻译。

•收到对方稿件后，我会立刻以邮件的方式将翻译文件发给您。

•如需要修正，请于 8 日（周三）9 点之前作出指示。

•根据您的反馈，我会准备好演讲时用于分发的资料。

↓

有索引后，整体结构一目了然

●进度报告

本资料的翻译版能用于 8 日（周三）的演讲中。

•今天 10 点已将原稿交给翻译代理人。

•7 日（周二）17 点能收到翻译文件。

●交稿后，请尽快确认

7 号（周二）17 点之后，请您抽空对翻译进行确认。

•交稿之后，我会立刻以邮件的方式将翻译文件发给您。

•如需要修正，请于 8 号（周三）9 点之前作出指示。

•根据您的反馈，我会准备好演讲时用于分发的资料。

选择收件人会觉得重要的信息，并让其先阅读它，这对于尊重收件人时间的速度意向是非常重要的。

你是否曾连续发送十几行没有索引的邮件呢？附加索引在划分报告和委托、背景和商谈，以及将联络事项分为主要项目等分组化训练中也会用到，请各位务必实践一下。

第五课

视觉化的诀窍③：在文本开头展示切入点

强化要点□表现并列描述的关系

对文本开头下功夫，使其看起来不是单纯的内容罗列

视觉化最后的要点是各要素切入点的表现方法，也就是让结构框第二层的关系一目了然。

卷首示例邮件的修订邮件中，支持报告的 So What（最终应该怎样）的两点和支持请求的 So What 的三点之前都附加了“•”符号。这也是表现 Why So（为什么这么说）的要素。

这里最重要的是“•”的要素，不能是单纯的罗列，而是要向收件人展示整理好的东西。其手法便是在“•”的文头（文本开头）展示切入点，从而促进收件人对 Why So 的理解。

让我们来比较一下下页文例 A 和 B 的“•”附带要素的文本开头，内容虽然都一样，但 B 能帮助收件人更容易地掌握“8 日能使用的原因”和“请确认的内容”。这是因为 B 文本开头的切入点经过整理，而 A 则散乱无序。

【文例 A】

文本开头杂乱无序

●进度报告

本资料的翻译版能用于 8 日（周三）的演讲中。

• 原稿已于今天 10 点交给翻译代理人。

• 翻译文件的交稿时间是 7 日（周二）17 点。

●交稿后，请尽快确认

7 日（周二）17 点之后，请您抽空确认翻译。

• 收到稿件之后，我会立刻以邮件的方式将翻译文件发给您。

• 8 日（周三）9 点之前请部长作出修正指示。

• 演讲时用于分发的资料，我会按部长的反馈来准备。

✉ 在文本开头设置 MECE 的切入点

那么应该以什么为标准来整理文本开头呢？这里希望各位回顾第三章第五课所介绍的 MECE 的切入点的三个类型，即"要素分解""阶段"和"对照概念"。

我们再来看文例 B。以阶段为切入点，报告按"今天 10 点"→"7 日（周二）"这一时间序列整理开头，请求则按"交稿之后"→"如需要修正"→"根据您的反馈"这一顺序整理开头。

B 的各阶段如果无重复、无大的遗漏，就很容易让收件人一眼了解大概。而 A 并未展现切入点，虽然内容和 B 相同，但仅仅是对内容进行单纯的罗列，这就导致收件人不看完全文就很难理解内容。

并不需要使用过于严密的 MECE，只要不是无目的地排列"•"，而是以 MECE 为标准，在文本开头挑明能让收件人了解陈述规则和视角的语句。

即使不必制作结构框，只需要罗列多个描述做简单的笔记，注意文本开头也能帮助对方理解你要表达的意思。

【文例 B】

文本开头有切入点

●进度报告

本资料的翻译版能用于 8 日（周三）的演讲中。

- 今天 10 点已将原稿交给翻译代理人。
- 7 日（周二）17 点能收到翻译文件。

●交稿后，请尽快确认

7 号（周二）17 点之后，请您抽空对翻译进行确认。

- 交稿之后，我会立刻以邮件的方式将翻译文件发给您。
- 如需要修正，请于 8 日（周三）9 点之前作出指示。
- 根据您的反馈，我会准备好演讲时用于分发的资料。

第六课

“一目了然”也适用于文书

强化要点□习惯结构的视觉化

商务文书也要按信息的“基本模式”来写

让结构视觉化，使其“一目了然”的书写方式不仅限于邮件，还广泛适用于报告书、计划书等商务文书。

越是内容复杂、信息量较多的文书，越是需要便于对方快速浏览并正确理解的书写方式。

简明易懂的商务文书包括以下两个要点。

- 仅凭导论和结论就能理解概要。
- 能立刻掌握所得结论的原因和具体的说明。

通过将结构框视觉化，就能写出满足这两点的文书。我们来看下页的例子，如果您已按照本书介绍进行了练习，应该能看出这是以三层结构框为基础写成的文书，也是挑战问题 3–1 的解答之一。

开头的①是导论，结构框最上方的结论是②，第二层是③④⑤，第三层由“•”为首排列。

这种写作方式能让收件人首先从项目名和①中掌握“确认”“翻译外包相关问题点的报告”（主题和期待的反应）。而当他看到正下方的②，就会了解需要确认的结论是“委托、翻译、交稿后各阶段存在的问题”。而后将问题分为三个部分，通过附加符号“•”和索引，使内容清晰可见。落实这些要点之后，就能快速浏览③④⑤，如果有想要了解的部分，则选择“•”的内容阅读。

这样就能让人快速而准确地接收信息的关键部分。这就是第一章中所说的便于人理解的信息“基本模式”。

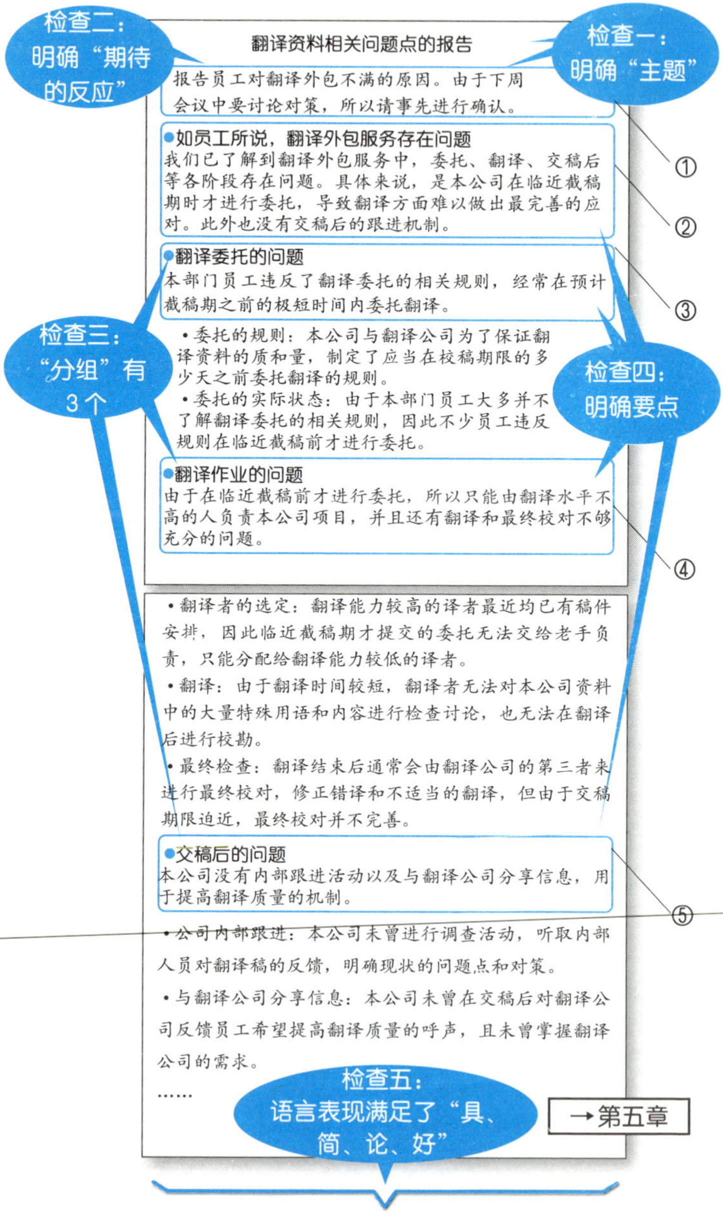
检查二：明确“期待的反应”
翻译资料相关问题点的报告
检查一：明确“主题”
报告员工对翻译外包不满的原因。由于下周会议中要讨论对策，所以请事先进行确认。
①
●如员工所说，翻译外包服务存在问题
我们已了解到翻译外包服务中，委托、翻译、交稿后等各阶段存在问题。具体来说，是本公司在临近截稿期时才进行委托，导致翻译方面难以做出最完善的应对。此外也没有交稿后的跟进机制。
②
●翻译委托的问题
本部门员工违反了翻译委托的相关规则，经常在预计截稿期之前的极短时间内委托翻译。
③
•委托的规则：本公司与翻译公司为了保证翻译资料的质和量，制定了应当在校稿期限的多少天之前委托翻译的规则。
•委托的实际状态：由于本部门员工大多并不了解翻译委托的相关规则，因此不少员工违反规则在临近截稿前才进行委托。
检查三：“分组”有3个
检查四：明确要点
●翻译作业的问题
由于在临近截稿前才进行委托，所以只能由翻译水平不高的人负责本公司项目，并且还有翻译和最终校对不够充分的问题。
④
•翻译者的选定：翻译能力较高的译者最近均已有稿件安排，因此临近截稿期才提交的委托无法交给老手负责，只能分配给翻译能力较低的译者。
•翻译：由于翻译时间较短，翻译者无法对本公司资料中的大量特殊用语和内容进行检查讨论，也无法在翻译后进行校勘。
•最终检查：翻译结束后通常会由翻译公司的第三者来进行最终校对，修正错译和不适当的翻译，但由于交稿期限迫近，最终校对并不完善。
●交稿后的问题
本公司没有内部跟进活动以及与翻译公司分享信息，用于提高翻译质量的机制。
⑤
•公司内部跟进：本公司未曾进行调查活动，听取内部人员对翻译稿的反馈，明确现状的问题点和对策。
•与翻译公司分享信息：本公司未曾在交稿后对翻译公司反馈员工希望提高翻译质量的呼声，且未曾掌握翻译公司的需求。
……
检查五：语言表现满足了“具、简、论、好”
→第五章

• 例题 4-1【视觉化】业务改善项目

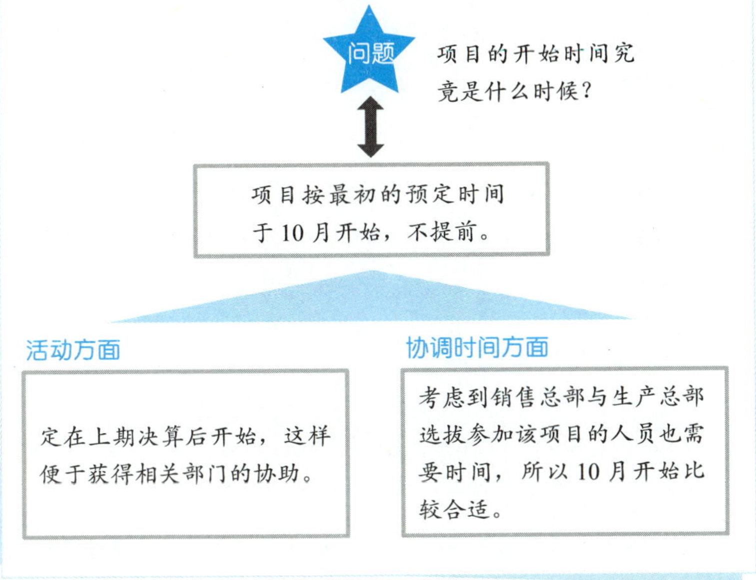

【提问】

这是第三章的“例题 3-4”所思考的结构框的解答。请将该结构框的内容改成文章的形式，并将结构视觉化。

提示　确认第二课、第三课、第五课。

结构框是我们在第三章学习的用于逻辑性表现结论及支持结论的要素（理由和解释）的工具。包括邮件在内的文书均属于文章形式，因此掌握能准确快速地传达结构框内容的文章表述方法，是非常重要的。让我们来尝试一下吧。

✉ 按由上到下的顺序和先提出 So What 的原则

实践“先提出 So What 的原则”，从结构框顶点的结论开始，按“上→下”的顺序进行阐述。

这样一来，即使对方工作繁忙，没有时间看完全部内容，也很可能仅靠开头的结论就能掌握重点。写明结论后，在其下方陈述表示 Why So（为什么这么说）的理由。

> 项目按最初的计划于 10 月开始，不提前。
>
> 定在上期决算后开始，这样便于获得相关部门的协助。
>
> 考虑到销售总部与生产总部选拔该项目的参加人员也需要时间，所以 10 月开始比较合适。

例题 3–4 的邮件原文是将结构框的内容按“下→上”的顺序进行阐述，并在最后表明 So What。这样按“下→上”的顺序写出的文章，即使想通过结构框来让收件人理解内容，也是无法快速准确传达信息的。有这一习惯的人请按照“上→下”的顺序和先提出 So What 的原则来写邮件。

✉ 利用空间和符号来展示结论和理由

为了让第三者明白最初的两句是结论，后面两句是理由，可以利用空间和符号。通过在理由部分前空出一个字的空间，加上类似“•”这样的简单符号，从视觉上明确层级的不同和两个并列的理由。

> 这次的项目按最初的计划于 10 月开始，不提前。
>
> • 定在上期决算后开始，这样便于得到相关部门的协助。
>
> • 考虑到销售总部与生产总部选拔参加该项目的人员也需要时间，所以 10 月开始比较合适。

通过展示切入点来实现更快速的信息传达

接下来，为了更快速地传达信息，要在并列的“•”的内容开头展示切入点。

如果利用 MECE 来思考无重复无重大遗漏的切入点，会进一步提高收件人的接受度。

【解答 1】

这次的项目按最初的计划于 10 月开始，不提前。

• 从项目活动方面来看，定在上期决算后开始更便于获得相关部门的协助。

• 从推进体制（协调时间）方面来看，考虑到销售总部与生产总部选拔参加该项目的人员也需要时间，所以 10 月开始比较合适。

下划线的部分是两个理由的切入点。与前一页的例子相比，是否更容易让收件人掌握写作者的视角了呢？

“•”的内容越是复杂，或者并列的“•”数量越多，切入点的展示就越是重要。该例子中，切入点还可以像下面一样根据项目的阶段来展示。

【解答 2】

这次的项目按最初的计划于 10 月开始，不提前。

• 从眼下的准备阶段来看，考虑到销售总部与生产总部选拔参加该项目的人员也需要时间，所以 10 月开始比较合适。

• 如果考虑到项目开始之后的问题，定在上期决算后开始，便于获得相关部门的协助。

在做口头说明时，有意识地向对方明示“切入点”，也能让对方感到清晰易懂。

• 例题 4-2【视觉化】新语音邮件

邮件名：新语音邮件相关咨询项目

各位部门课长：

在更新语音邮件系统之际，首先感谢各位对部门内部说明会的支持。

本部制作了“新语音邮件 FAQ 集”，并于上周在内部网上发表。

FAQ 集由各位在先前的培训中提出的问题和答案集合而成。

目前公司各部门打来大量电话咨询新系统的操作方法和指南，我们需要花费不少时间来处理，咨询者不得不排队等待，虽然其中不少问题都在 FAQ 集中有答案。

另外，本部门已疲于应付大量电话。如果能通过普及 FAQ 集来减少电话咨询数量，会便于我们为大家提供更高品质的服务。

因此请大家配合我们，充分利用 FAQ 集。

语音邮件负责人　广尾久

【提问】

上面是第二章的“例题 2–2”中提出的邮件。请以第三章的“例题 3–2”和“例题 3–5”为基础，利用符号和空间等使结构视觉化的手段来重写邮件全文。如果有必要，邮件名也可以更换。

提示 全面复习第四章的所有课程。

【解说】

该例题的邮件已经在第二章中对“写前准备”的主题和期待的反应进行了确认，在第三章中练习了导论和中心论点的要素和结构，本章将在复习这些内容的基础上告诉大家如何将结构框用文章的形式写出来。

在导论四行中明示主题和期待的反应

导论的必需要素包括“主题”和“期待的反应”，在此之上加入表示对收件人感谢或关怀的寒暄，就构成了邮件开头的导论。

例题 3–2 中，邮件虽然有寒暄，但缺少导论的必需要素。

寒暄之后，可使用最长四行的文字来构成表明“主题”和“期待的反应”的导论。导论之后空一行，能让收件人明白“这之前的部分是导论”。

> 更新语音邮件系统之际，首先感谢各位之前对部门内部说明会的支持。
>
> 本部制作了“新语音邮件 FAQ 集”，并于上周发表在内部网上。希望各位能指导下属灵活使用 FAQ 集。

需要和导论一起重新检查的是邮件名，将其改为与什么相关的“请求”，能让人从邮件名了解邮件内容。

邮件名：新语音邮件的 FAQ 集使用请求

书写结构框的内容

在例题 3–5 中，通过将请求内容整理为 So What（最终应该怎样）和 Why So（为什么这么说），将结论和理由在结构框中表现出来。让我们试着用一目了然的文章形式来书写这些内容。

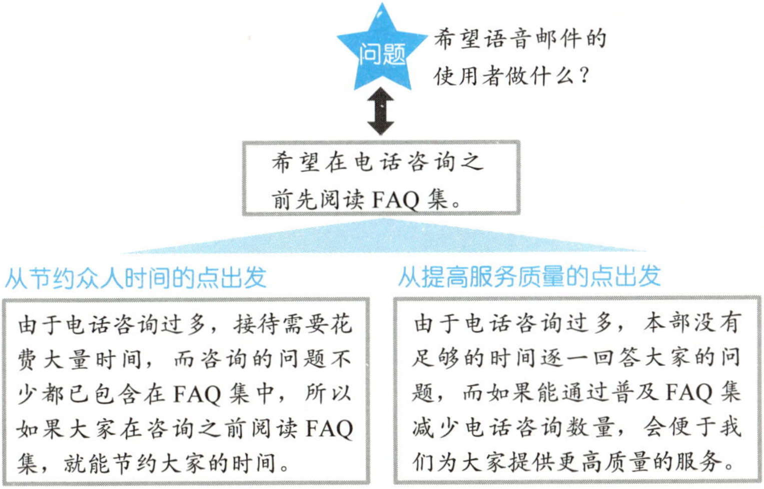

要点在于例题 4–1 中练习过的“先提出 So What 的原则”“空间和符号”“切入点”“索引”，共四点。

首先按照先提出 So What 的原则，将结构框的要素从结论开始按从上到下的顺序叙述。这时最好在结论上方向收件人表示“这之后是中心论点”，并列出索引。

● 希望各部门内部贯彻的要点

接着使用空间和符号，在结论下方用“一目了然”的方式明示两个不同的理由。

比如在两个叙述理由的句子前留一个字的空白，再加上符号“•”，就能明示这两点是属于同一层级的内容。

再来看“切入点”。例题 3-5 中，第二层框体列举了针对结论的理由，即对使用者的好处，并将其分为“节约时间”和“提高服务质量”这两个切入点，在前面加上“•”符号。这就明示了效率和效果两方面的理由。这时如果采用“为了……”的句式，就能让收件人清楚地了解它带来的好处，从而产生阅读兴趣。

● 希望各部门内部贯彻的要点

公司各部门打来大量电话咨询新系统的操作方法和指南。希望大家在电话咨询之前先阅读 FAQ 集。

• 为了节约大家时间：

由于电话咨询过多，接待需要花费大量时间，而咨询的问题很多都已包含在 FAQ 集中，所以如果在咨询之前阅读 FAQ 集，就能节约大家的时间。

• 为了提高服务质量：

由于电话咨询过多，本部没有足够的时间逐一回答大家的问题，而如果能通过普及 FAQ 集减少电话咨询数量，会便于我们为大家提供更高质量的服务。

只要看完“导论”和“中心论点”，就能了解“请求的事项是告知部下在电话咨询之前先使用FAQ集”“好处有两个”。

与修改之前的邮件相比，这样更能快速地传达导论的目的、中心论点的So What和Why So的关系。

✉ 结语用寒暄表示关怀

最后写上寒暄语。例如通过“百忙之中您辛苦了”“感谢您的协助”等句子来表现对对方的关怀，既能传达希望对方回应的微妙感，也能确认期待的反应。

【解答】

改写例发布于211页。

例题 4-3【视觉化】大纲制作

邮件名：阿尔法学院的大纲制作项目

山浦经理：

您辛苦了！

希望能让更多的听讲者参与。

拜托了！

和田

【提问】

上面是第二章的“例题 2-3”中提到的邮件。请以第三章的“例题 3-3”和“例题 3-6”为基础，在虚线框内写出能实现结构视觉化的文章。如果有必要的话，邮件名也可以更换。

提示　全面复习之前的所有课程。

【解说】

在虚线框内练习除了寒暄之外的导论要素和中心论点的写作。

邮件名和导论关键词是“提案”和“认可”

首先来看邮件名和导论。正如第二章例题 2-3 和第三章例题 3-3 中所介绍的一样，主题是“提案”，期待的反应是“获得认可”，因此在邮件名中明示“提案”这个关键词是非常重要的。

> 邮件名：阿尔法学院的大纲制作格式修订提案

在导论中说明“提案”和“认可”这两个必需要素。将添加附件和为什么做提案这两件事，控制在四行以内，简单叙述即可。

> 又到了阿尔法学院的大纲制作时期，我们根据听讲者的反馈制作了大纲格式的修订提案。详情请看附件。如果本周内能获得认可就最好不过了。

中心论点①写明提案内容的 So What

不要认为表明“请看附件”就万事大吉，要让收件人在打开附件之前就掌握其大致框架。基于这方面的考虑，例题 3-6 中用结构框整理了提案内容，将该框架的结构用可视化的文章形式写出来即可。

首先提出 So What。这时加上“索引”和“符号”就能让收件人明白“这之后是中心论点”。

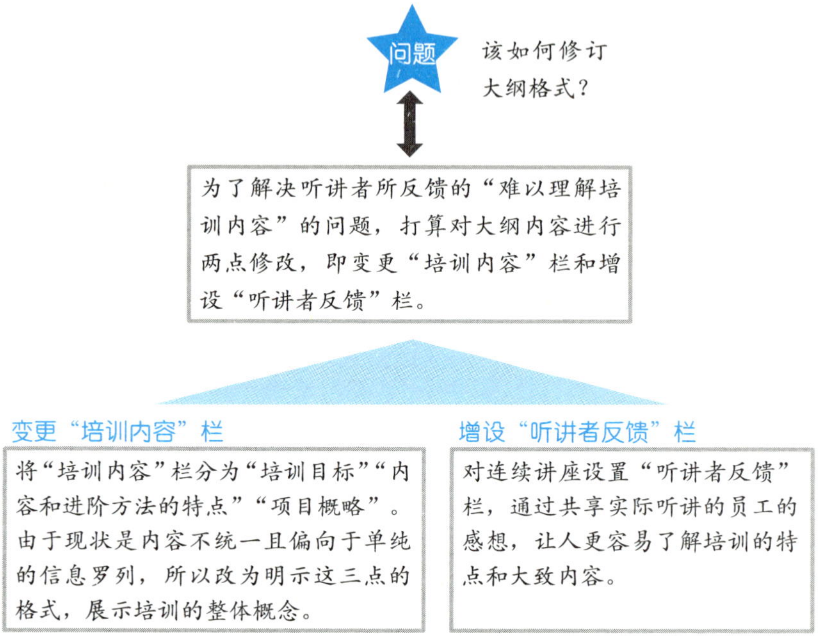

●大纲修订的要点

为了解决听讲者所反馈的“难以理解培训内容”的问题，打算对大纲内容进行两点修改，即变更“培训内容”栏和增设“听讲者反馈”栏。

如果附件不是太复杂的话，只写结论，不写第三层框体也可以。

✉ 中心论点②灵活使用空间、符号和切入点

如果需要写明针对结论的具体修正方法，也就是第二层框体，试着在句子前面留一个字的空白，加上“•”符号。

在例题3-6中使用了MECE后，第二层框体被分为两个切入点："修正原有内容→变更'培训内容'栏""创造新内容→增设'听讲者反馈'栏"，应将其加在句子前面。

• 变更"培训内容"栏：

将"培训内容"栏分为"培训目标""内容和进阶方法的特点""项目概略"。由于现状是内容不统一且偏向于单纯的信息罗列，所以改为明示这三点的格式，展示培训的整体概念。

• 增设"听讲者反馈"栏：

对连续讲座设置"听讲者反馈"栏，通过分享实际听讲的员工的感想，让人更容易了解培训的特点和大致内容。

将该中心论点与之前完成的"导论"合起来，山浦经理就能在打开附件之前，只看邮件正文就知道该如何修订大纲了。

✉ 保证"导论→中心论点→结语"的流程

目前我们已经按"导论→中心论点→结语"这一流程练习了快速准确传达信息的邮件叙述方法。

例题3-7中，中心论点由两个结构框构成。"导论→中心论点→结语"的流程与将结构框改写成视觉化的文章的方法在例题4-1到例题4-3中都是共通的，请各位尝试挑战一下。

练习问题 4-1【视觉化】QC 表彰仪式

前往总公司的交通工具

①利用 JR

从培训所步行 10 分钟到达阿佐谷站，从阿佐谷站乘坐 JR 中央线约 25 分钟到东京站，从东京站步行 5 分钟到达总公司。

②利用地铁

从培训所步行 3 分钟到南阿佐谷站，从南阿佐谷站乘坐丸之内线约 35 分钟到达大手町站，从大手町站步行 2 分钟到达总公司。

→约 40 分钟。早高峰时间电车可能会迟到，请各位提前出发。

【提问】

这是第二章“练习问题 2-4”和第三章“练习问题 3-8”中提到的邮件的一部分，请将该内容按照先提出 So What 的原则，重新改写成视觉化结构。

参考答案 216 页

练习问题 4-2【视觉化】对育儿员工的支持措施

本公司的支持措施如下。

●

设置能让妈妈员工和积极育儿的爸爸员工与公司内的前辈父母讨论业务之外的育儿相关工作和生活烦恼的“辅导制度”，并针对与辅导相关的培训和制度所采取的具体方法，制定相关机制。（一个月）

●

该机制将在年轻父母较多的总公司管理部门中先行推广，验证效果。如果有必要的话，会对该机制加以改善。（三个月）

●

验证和改善之后的机制将以希望使用辅导制度的员工为对象，在全公司范围内推广。（两个月）

【提问】

以上是对育儿员工支持措施的重点描述。请回答以下两个问题，完成结构视觉化的叙述。右图是该文章的结构框。

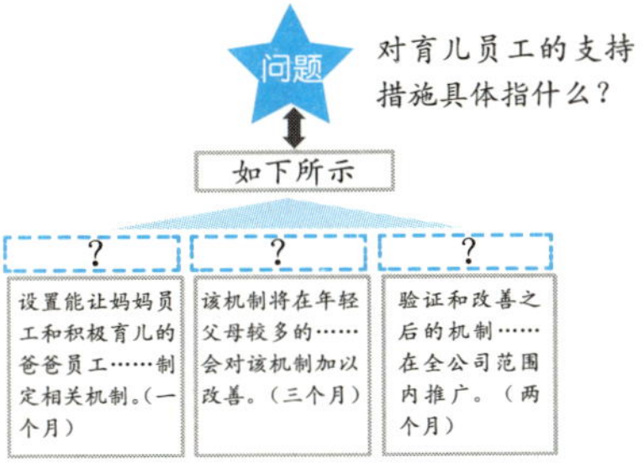

问题一　在三个“●”的虚线框内填入分组的切入点。

问题二　在开头的虚线框内不采用“如下所示”的说法，填写能回答“对育儿员工的支持措施具体指什么？”的结论，从而让人掌握 So What。

• 练习问题 4-3【视觉化】X 公司的状况

顾客除了追求高功能、高品质之外，呈现出两极分化的情况，一部分客户追求具有设计性和稀缺性的高价高端产品，一部分客户则追求能最低限度满足使用的廉价低端产品。在这样的市场中，明确定位在高端、低端产品的制造商才能获得发展，而该公司虽然在耐久性和功能性上颇受好评，但产品既不算高端也不算低端，市场反馈处于不上不下的尴尬状况，销售额也日益下降。在应对市场两极化的竞争中，X 公司难以适应变化，导致销售额下降。

【提问】

以上描述的是 X 公司的状况。要将这些内容改写成能让人一眼掌握 So What 和 Why So 的文字，请回答以下两个问题。

问题一　如果要使用结构框来整理以上内容，该怎么做？

问题二　以结构框为基础，将其结构改写成视觉化的文章形式（不需要导论和结语）。

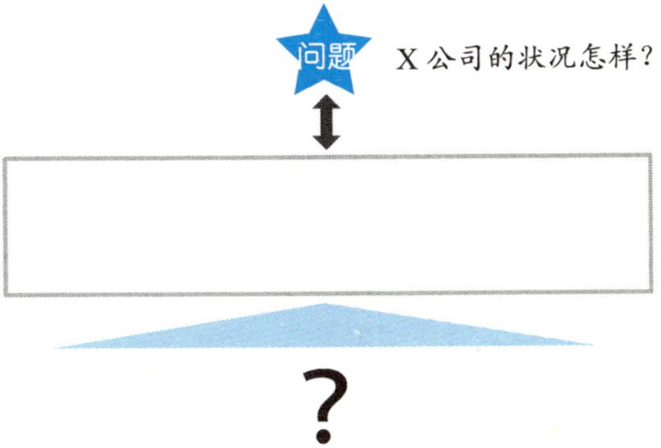

练习问题 4-4【视觉化】主要的团队会议概略

1. 初始会议（咨询开始时）	2. 例行会议（周五）	3. 评论会议（咨询结束时）
初次会议的目的是确认咨询整体的目的和推进方法，以及团队所有成员的职责。经理、负责人和助理都是参加者，为了完美地发挥团队工作的效果，必须集中所有人召开会议。	会议的目的是为了保证咨询业务进展顺利，分享各负责人的工作内容，进行必要的流程修正。参加者包括经理、负责人，如果当天有人出差，可以使用电话会议系统。	会议的目的是从咨询内容以及推进方法这两方面回顾一系列咨询业务，找出改善点。经理、负责人以及助理都要参加。在保证全员参加的基础上，于咨询结束后一周内召开。

【提问】

你所属部门为了给客户企业提供服务，由经理、负责人和助理组成了团队。你要制作面向新加入成员的备忘录，使其理解“主要的团队会议”的概要。请根据上述各会议的相关信息，回答以下两个问题。

问题一　假设制作的备忘录要回答三个问题，将这三个问题的答案以结构框的形式表现出来，应该怎么做？

问题二　将该结构框的要素改写成视觉化的文章形式。

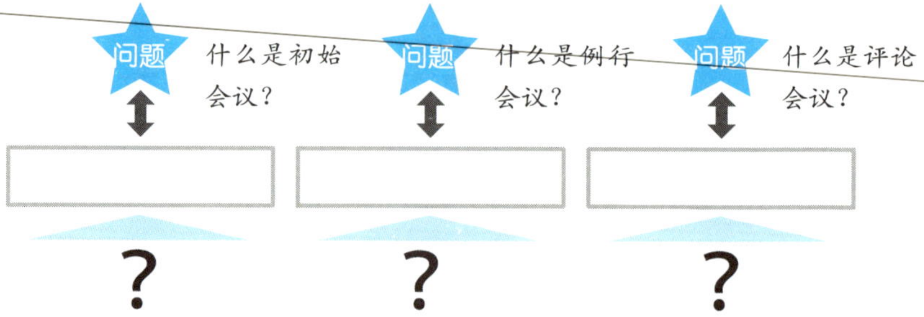

练习问题 4-5【视觉化】公司内部邮件

问题 希望公司内部邮件的使用者做什么？

结论 希望在公司内部邮件票据上正确记录发送人和收取人的名字和部门名称。

使用者的问题

最近公司内部的邮件票据记录有不少遗漏，本公司发往营业所的邮件中，漏记部门名称的情况尤为突出。

负责人的问题

负责人虽然确认并记载了遗漏的部分，但新兼职者的增加导致资料确认耗费了大量时间，最终导致资料滞留时间延长。

【提问】

这是第三章的“练习问题 3-5”中制作的结构框的其中一例。请以该结构框为基础，将邮件全文改写成视觉化的文章形式。

参考答案 213 页

练习问题 4-6 结构的视觉化

将练习问题 3-6 ～ 3-10 所涉及的邮件和练习问题 2-5 所涉及的邮件全文结构改写成视觉化的文章形式。

参考答案 214 ～ 219 页

• 练习问题 4-7【视觉化】对顾客 A 的调查

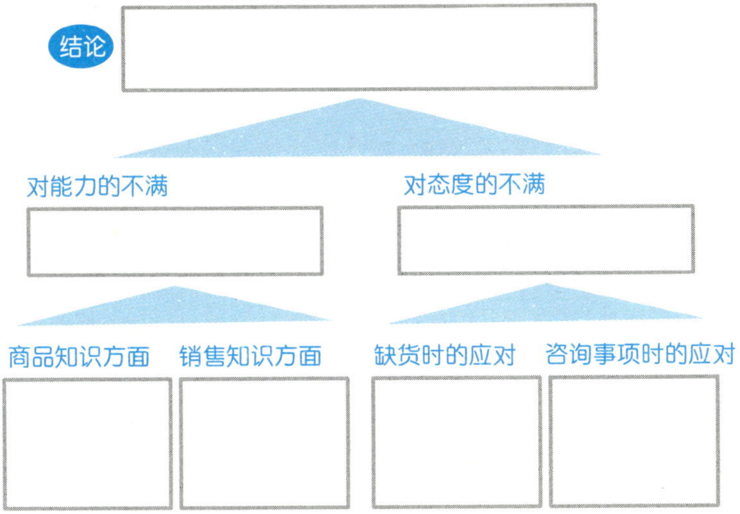

【提问】

这是第三章的“挑战问题 3-2”中表现顾客 A 不满的要点结构框，它只展示了各层级的切入点。请以此为参考，将“A 有什么不满”的答案用文章的形式进行简明易懂的视觉化阐述（不需要导论和结语）。

第五章

语言表现

利用“具、简、论、好”来提高表达能力！

传达信息的语言表达方法

第一课

平常“不假思索”的语言表现是否没问题

»强化要点□满足“具、简、论、好”

✉ 实现快递且准确的传达，并给对方留下好印象

第四章介绍了简明易懂且具有逻辑性、令人一目了然的结构视觉化表现方式。

要写出简明易懂的邮件，表现必不可少，而除了视觉化之外，还有一个关键要素，就是语言表现。

这里所说的语言表现并不单纯指流畅而优美。选择能迅速、准确地传达信息，且能让对方在看完后留下好印象的语言和书写方式才是这里所讲的语言表现。

如果已经做好了写作准备，且打算实践简明易懂的逻辑结构，实现结构的视觉化表现，却因为语言的选择和文章的书写方式不合适而导致对方不理解你要传达的信息，不觉得太可惜了吗？

另外，如果你不假思索的表现方式伤害了对方的感情，或者让对方难以理解信息，或者使其不能给予你期待的反应，这也太可惜了。

让收件人不产生“这是什么意思”的疑问，进行无障碍地阅读，并且能给予“立刻回信”“愿意帮助”的良好反馈——就是本章要介绍的语言表现。

✉ 具备具体、简洁、有逻辑性、带来好感这四个要点

能实现“正确的传达”，给对方留下好印象的语言表现中值得重视的要点包括具体、简洁、有逻辑性、带来好感这四点，简称具、简、论、好。这四点是商务交流必须掌握并使用好语言表达的基础。

- 具体：要让收件人和发件人产生同样的理解，清晰明确地表现 So What。
- 简洁：写出能让收件人一口气快速掌握内容的文字。
- 有逻辑性：明确地表现出前后叙述的连接关系。
- 带来好感：表现出对对方的敬意，并让对方产生当事人意识。

你平时不假思索的常用语言和措辞是否满足这四点呢？“我写东西总是不过脑子”“我写作的时候喜欢用平常的措辞”——这样的人请检查自己以往所写的邮件是否符合具、简、论、好这四个要求。

如果是领导，在指导团队成员写邮件和文书时也可参考以上要点。

那么从下一课起，我们将以各课程来详细解说具、简、论、好的重点。

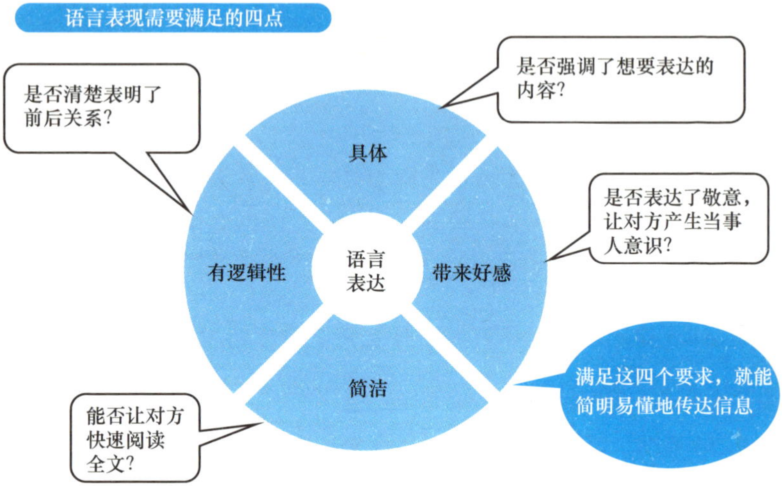
语言表现需要满足的四点
是否清楚表明了前后关系？
是否强调了想要表达的内容？
具体
是否表达了敬意，让对方产生当事人意识？
有逻辑性
语言表达
带来好感
简洁
满足这四个要求，就能简明易懂地传达信息
能否让对方快速阅读全文？

第二课

【具体性】用语言表达 So What

强化要点□与对方分享同样的概念

能否将“如下所示”的内容具体化

满足具体这一要素的表现是指不含糊其辞，能让发件人与收件人对同一内容产生同样理解的表现。如果对同样的内容，不同人的理解方式不同，就可能造成解释上的歧义，从而影响工作进展。

在平常我们不假思索使用的词组中，其实有一些是损害具体性表现的。最常见的就是“如下所示”“如后所述”。

以下是某例行会议的报告摘录。

> 作为多样化推进的项目之一，公司将从 4 月起开始实施以职业母亲为对象的“辅导制度”。
>
> •新措施将推行能让职业母亲向有育儿经验的员工倾诉工作和生活中烦恼的“辅导制度”。
>
> •推行方法是从 4 月起在职业母亲较多的部门先做试运行，7 月再进行全公司推广。

作为多样化推进的项目之一，公司将从 4 月起开始推行以下制度。

• 新措施将推行能让职业母亲向有育儿经验的员工倾诉工作和生活中烦恼的“辅导制度”。

• 推行方法是从4月起在职业母亲较多的部门先做试运行，7 月再进行全公司推广。

以上两段内容中“·”的描述是相同的，不同点在于最初的一段话。前者直接表明了“开始辅导制度”这一结论（So What），但后者将结论换成了“如下所示”。

这样一来，收件人要了解结论就必须看完“如下所示”之后的全部内容。

单从文章的长度来看，后者更为简短，但从“快速而准确的传达”意义上来说，显然是前者获胜。

使用“如下所示”“如后所述”，无异于是在说“具体内容要看到最后才能知道”。这是没有考虑节省对方时间的表现。

要实现快速而准确的传达，具体地明示“如下所示”“如后所述”的内容是关键所在。

✉ 能通过“体言结句”读取省略的内容吗？

体言结句是指以名词、代词、数词，即所谓的体言来结束句子的方式，类似汉语中的偏正短语。

还有一些我们常用但会损害语言的具体性的表达，比如，以名词来结束句子的“体言结句”。

> 以职业妈妈为对象的辅导制度的开始。
>
> 事务所内无纸张化的推进。

看上去很简短，似乎没什么问题，但从具体性的角度来说其实有很大的问题。

以职业妈妈为对象的辅导制度的开始——仅靠这句话，收件人难以断定是“即将开始”还是“已经开始”。

事务所内无纸张化的推进——收件人同样难以从这句话中判断是“已经决定推进”还是“希望推进”。

为什么呢？因为这段描述以名词为终点，意味着省略了“怎么做”“做了什么”的谓语部分。这样一来，收件人就只能靠想象来推测，很可能误解发件人的意图。

既然会对收件人造成歧义，那就应当将“辅导制度的开始”换成“开始实施辅导制度”，将“无纸张化的推进”改成“推进无纸张化”。这样才能让收件人领会发件人的意图。

第三课

【简洁度】一目了然的写作方式

强化要点□让一段话便于阅读

一段话以 50 ～ 60 字为标准

商务邮件或文书重视速度意向，能让对方顺畅且清晰地理解内容的间接表达也非常重要，检查自己是否满足这一要点的最简单方法就是检查一段话的长度。

晦涩难懂，令人不知道究竟想表达什么的文章，大多因为“一段话过长”。

不将全文划分为合适的段落，会让文章拖沓而臃肿，读者将难以区分主语、谓语和宾语，在阅读时产生“这个词与哪部分有关？”“这段话的主语是什么？”等疑问，当然不能实现顺畅的阅读。

要避免这样的情况，就应当将一段话的长度控制在 50 ～ 60 字。由于 50 ～ 60 字一般不超过两行，主语、谓语和宾语的关系比较明确，便于阅读。

那么就以段落长度为要点，马上开始实践吧。

在合适的位置打“，”（逗号）

一段话结束时用“。”（句号），一段话中做停顿时则用“，”（逗号）。

也许很多人都是随意打逗号的吧？

合理使用句号会让文章更为简明易懂，便于整理。接下来就介绍一下使用逗号的基本规则。

- 放在有较长修饰词的主语后

以逗号表明之前的部分是主语

例：设置了公司外部女性董事的企业，在这次的调查对象中约占六成。

- 在复合句中做短语与短语之间的切割点

当“主语＋谓语”的短语（下划线部分）并列时，用逗号作为小节与小节之间的切割点。

例：业务A继续，但业务B中止。

- 放在修饰语后面

通过合理地使用逗号，能够使修饰语的修饰对象更明确。

例：6月之前升职的员工将要开展培训。

这句话中的“6月之前”是修饰“将要开展”还是修饰“升职”呢？读者会感到迷惑。

> 6月之前→将要开展
>
> 6月之前→升职

如果要表达的是“6月之前开展”，就应该在6月之前标上逗号。

例1：6月之前，升职的员工将要开展培训。

像这样，当修饰语“6月之前”和被修饰语“将要开展”中有其他内容时，在修饰语后面标上逗号。

如果想要表达的是“6月之前升职”，那么由于“6月之前”和“升职”本身是相连的，所以不必使用逗号，在“员工”后面标上逗号，意思会更清晰。

例2：6月之前升职的员工，将要开展培训。

要让一段话便于阅读，请注意逗号的位置。

第四课

【逻辑性】明示连接关系

强化要点□注意“，”前后表现连接关系的词语

注意“连用中止法”

接下来要介绍能正确连接各要素的关联词的使用方法。

请注意下文中下划线的部分。

> A. 客户的生产据点向海外转移，国内事业销售额下降。
>
> B. A公司的会议时间较长，着手引入了以玻璃会议室为首的各项措施。

请思考这两句话逗号前后各要素之间的关系。A的“生产据点向海外转移”和“国内事业销售额下降”之间是怎样的关系？B的“会议时间较长”和“着手引入各项措施”之间又是怎样的关系？

是否只能凭感觉去猜测，很难掌握确切的关联性呢？因为A和B的下划线部分没有明确地体现出前后的关联。

像A的“转移”和B的“较长”这样的叙述方式被称作连用中止法。所谓连用中止法，是指在动词、形容词或形容词动词连用后使用逗号，用以在半途中止句子，以便进一步推进句子的用法。

连用中止法虽然方便，但很难清晰地表达逗号前后语句的关系，而只能对它们做单纯的排列，读者需要自己推测这两个语句是陈述原因和结果，还是表明目的和手段，或者有其他逻辑顺序。

当你想要正确表达并列之外的意思时，要尽量避免使用连用中止法，注意明确前后语句的关系。

A. 随着客户的生产据点向海外转移，国内事业销售额下降。

B. A 公司为了缩短较长的会议时间，着手引入了以玻璃会议室为首的各项措施。

注意避免高频率使用“另外”和“总而言之”

日常生活中我们经常用“另外”和“总而言之”作为连接词。频繁使用这种词语，尤其需要注意。

- 另外

“另外”有“加上”的意思。随意使用“另外”，可能会让对方陷入混乱，不知道你究竟想说明什么，比如下文。

商品 A 的主要客户是 50 ～ 60 岁群体，约占六成。另外，这一顾客群有增加的趋势。另外，占整体的七成的销售额来自药妆店。

在这个简短的说明中，“另外”出现了两次，只会让读者感到写作者急于罗列要素，而很难掌握要素间的关系。那么试着修改一下。

> 商品 A 的销售额构成从年龄上看，50 ～ 60 岁群体约占六成，这一顾客群有增加的趋势。另外，从销路上来看，药妆店约占七成。

将“销售额构成”分为“年龄”和“销路”这两个切入点，并用下划线明示切入点，这样就减少了一个“另外”。

像这样注意前后要素的切入点，减少“另外”的使用频率，就能进一步明确语句间的关系。

● 总而言之、总的来说、因此

“A+ 总而言之 +B”是表现“以 A 为理由，归结为 B”的关系。“A+ 总的来说 +B”和“A+ 因此 +B”也是一样。

虽然这是常用的表达方式，但写商务邮件和文书时请尽量避免，因为写商务邮件和文书，要像第四章所介绍的那样，按照先提出 So What 的原则（先表明结论，后阐述理由或解说）来快速阐明要点。

除了在结论之前先行提示理由和解释时外，请不要使用“总而言之”“总的来说”或“因此”。

依照先提出 So What 的原则，使用“为什么 B+A”，比“A+ 总而言之 +B”更能快速地传达 A 与 B 之间的关系。

A+ 总而言之 +B →为什么 B+A，B 具体而言 +A

例如，请比较以下两段例文。两者的结论都是“希望重新审视缴纳流程”，并写明了理由。

多家交易企业对缴纳手续提出了“其他竞争企业的事务和检查流程更为顺畅”的意见，并且公司内部也有人指出效率不高的问题，因此，希望重新审视缴纳流程。

希望重新审视缴纳流程。为什么呢？首先，多家交易企业表示“其他竞争企业的事务和检查流程更为顺畅”，公司内部也有人认为流程效率不高。

相比前者，后者的表达方式能更快速传达要点。如果要在商务邮件和文书中使用“总而言之”，那么请养成习惯，思考能不能用“为什么呢？因为……”来替代。

第五课

【好感度】给人留下好印象的语言

强化要点□表现敬意和当事人意识

尽量简化敬语，不过多使用

传达给工作对象的信息不仅要简明易懂、具有逻辑性，还要表现出对对方的尊重，给对方留下好印象，因此合理使用敬语非常重要。

写邮件和商务文书首先要注意敬语的过度使用。俗话说过犹不及，过度使用敬语反而会给对方造成违和感，显得你太刻意。

其中最常见的问题就是本打算表现礼貌，但一不小心就过度使用“请您……感谢您”，请看下文。

> 感谢您昨天在会议中对资料进行说明，已将该资料发送给您，希望您抽空确认。

这摘录自某商务邮件的导论部分，在两行字里多次出现“请您、您”，已经超过了礼貌的界限，只会让人觉得“啰嗦”“冗长”。将其改成下面这样如何呢？

> 已发送昨天会议中的说明资料，请您确认。

“请您……感谢您”本身是“得到对方许可，让我……”的暧昧表达，如果事先已“用邮件传送资料”“了解”了流程，那么在发送资料时就没有必要表达请求得到对方许可的意思。

一段话只用一次“请您……感谢您”，相邻的两个句子之间不用，兼顾礼貌和阅读的便利。

掌握敬意的程度——文末的表现

向对方表达敬意的程度简称敬度。要兼顾礼貌和阅读的便利，一个方法是在文末让敬度张弛有度。

在文末表示不同程度的敬意，需遵循的基本原则是在一段话的最初或最后一句话表现最高敬意，除此以外要降低敬意程度。

以下是发送给某个客户的邮件的导论。

> 感谢您对商品 A 进行的咨询，现在为您提供商品 A 概要的总结资料，期待您的确认，不胜惶恐。

虽然措辞十分礼貌，但反复自谦会给人留下冗长的印象，因此按照先前所说的基本规则，试着修改导论。

> 感谢您对商品 A 进行的相关咨询，现在为您提供商品 A 概要的总结资料，敬请您确认。

将尊敬程度最高的“敬请”放在最后一句话，降低其他部分的敬度，就能消除冗长感。

由于这是发给公司外部的邮件，在最后一句话的末尾使用“敬请”，能大幅提高整体的尊敬程度。

如果是公司内部邮件，即使不需要表现如此高的敬意，也可以通过改变句末的措辞来调整敬度。

比如假设将第二句中的“为您提供”换成“提供”，将最后一句的“敬请”换成“请”，就能降低整体敬度。

在句末区别表达敬意，让敬度张弛有度。合理表达敬意是写出便于阅读的文章的诀窍。

✉ 表现当事人意识

为了不给对方留下负面印象，写作者要注意避免出现妨碍对方产生当事人意识的被动式措辞。所谓当事人意识，是指意识到这件事与自己有关。这种意识在工作中是不可或缺的。

对比某企业发送给客户的以下两封邮件。

A．商品 X 的合同更新手续已被变更，因此……

B．敝公司变更了商品 X 的合同更新手续，因此……

两者在表现“手续变更”这一点上是相同的。

但 A 使用的是“被变更”这一被动式表现，没有实行变更的主体，这就有可能给对方留下负面印象，认为“明明实行变更的是你们公司，怎么语气像事不关己一样”。如果变更的手续复杂，更容易使对方产生这种心情。

而B则采用主动语态，写明了是“敝公司”“变更”，通过表明“敝公司”这一主体，传达当事人意识。

要避免缺乏当事人意识带来的负面印象，就要尽量避免使用被动式。

• 例题 5-1【具体性】清洁日的废弃物处理

废弃物处理的相关要求如下。

•8 月 11 日（周一）之前请向总务部提交处理废弃物所需纸箱的数量。请将所有废弃物放入纸箱中。

•8 月 22 日（周五）之前，将会给各部门分发放废弃物用的纸箱。

•8 月 29 日（周五）的 9:00 ～ 17:00，请将废弃物纸箱搬运到大会议室。该时间段之外绝对禁止将废弃物纸箱带入。

【提问】

这是总务部针对办公室环境美化企划“清洁日”向公司内部发送的邮件的部分内容。将下划线句子中“如下”一词换为方便人了解的三个“•”描述的 So What（结论），并保持三个“•”的叙述顺序不变。

提示　请回顾第二课，写出“以下”内容。

【解说】

先试着练习将“以下”改写成具体内容。从三个“•”的描述来思考“希望大家按要求处理废弃物”的 So What（结论），同时阅读各项目。“•”按时间序列陈述了废弃物的处理条件和手续。

第三个“•”的内容是“8月29日（周五）按时间规定将废弃物纸箱搬运到大会议室”，即期待的最终行动。而“最终希望员工在满足什么条件的基础上来执行”就是该邮件的So What。

那么试着来写一句能表示该内容的话吧。

> 废弃物要放入指定纸箱中，并在8月29日（周五）的规定时间内搬入会议室。
>
> • 请在8月11日（周一）前向总务部提交处理废弃物所需纸箱的数量，将所有废弃物放入纸箱中。
>
> • 8月22日（周五）之前，为各部门分发放废弃物用的纸箱。
>
> • 请在8月29日（周五）的9:00～17:00，将废弃物纸箱搬运到大会议室。该时间段之外绝对禁止将废弃物纸箱带入。

放弃“如下”的表述方式，将其换成具体的内容，就能通过文章开头的一句话快速而具体地阐明要点，并且让收件人对发件人委托的事有大致概念。

例题 5-2【具体性】成人研究生增加的背景

- 职业能力的提升和自我的进修
- 作为人才培养场所的使用

【提问】

这是“成人研究生增加的背景”的笔记摘录。请将原文中的体言结句改写成主语、谓语、宾语明确的句子。

提示 请回顾第二课，弄清“谁”“做什么”“怎么做”。

【解说】

体言结句的问题是省略了谓语，有时还会省略主语，导致表达的意思比较暧昧。请试着按“谁”“做什么”“怎么做”的顺序明示主谓宾语，补充必要的词语。

- 职业能力的提升和自我进修
  - 谁→成人
  - 做什么→进入研究生院
  - 怎么做→提升职业能力和自我进修
- 作为人才培养场所的使用
  - 谁→企业
  - 做什么→让员工进入研究生院
  - 怎么做→将其作为培养具有系统性知识和技术以及广阔视野的人才的场所。

• 成人将研究生院作为提升职业能力和自我进修的场所。

• 企业将研究生院作为培养具有系统性知识和技术以及广阔视野的人才的场所。

这样一来，采用体言结句时需要读者去想象的部分就变得清晰明确了。在商务邮件和文书中，切记不能让对方产生“这究竟指什么”的疑问，一定要做到具体明晰。

这并不难，只要明确“谁”“做什么”“怎么做”即可。比如假设上述笔记还有“• 对经营稳定和社会的贡献”这样的话，我们可以将它改成什么样的句子呢？请根据以上两例的要领来进行思考。

例题 5-3【简洁度】中国的工业用机器市场概况

中国的工业用机器市场在出货数量上共分成占整体八成的正持续扩大的面向中小型工厂的低端机市场和剩下两成正日益缩减的面向大工厂的高端机市场两部分。

【提问】

这是关于“中国的工业用机器市场概况”的说明。请在不改变内容的基础上，将其分成长度适中，便于阅读的简洁句子。

【解说】

由于这段近一百字的长文包含了所有要素，导致阅读起来十分困难。我们试着在不改变内容原意的基础上，将其分为便于阅读的几个简洁的句子。首先来找出整体的主语和谓语。

中国的工业用机器市场分为两个部分。

这句会让读者产生“究竟是哪两个部分”的疑问，那么就将剩下的已知要素整理好，改成下面的一段话。

中国的工业用机器市场分为面向中小工厂的低端机市场和面向大工厂的高端机市场。前者的出货数量占整体市场的八成，并在持续扩大中。后者则有缩小的趋势。

第一句说明了市场整体，第二句和第三句则具体介绍了两个市场。像这样分为三句话来叙述，是否就能便于快速阅读且让句子更容易理解呢？另外，采用“前者”和“后者”的说法也避免了词语的重复。

除此之外，第一句以“中国的工业用机器市场分为两个部分”开头，后面还可以用“高端机市场方面……”“低端机市场方面……”这种连接方法。这时利用第四章所介绍的符号，则可从视觉上进一步表现市场整体和各部分之间的关系。

- 中国的工业用机器市场分为两个部分。
  - 面向小工厂的低端机市场的出货数量占整体的八成，并在持续扩大中。
  - 面向大工厂的高端机市场占剩下的两成，且有缩小的趋势。

将长句变为多个简短句子的过程，就是对内容进行整理。

• 例题 5-4【简洁度】今后的培训

今后本部门得到现场好评的培训还将继续。

【提问】

这句话中的“今后”是修饰词，要通过标逗号来明确句子的意思，请回答以下两个问题。必要的话，也可以改变语序。

问题 1　标逗号，让“今后”修饰“继续”。

问题 2　标逗号，让“今后”修饰“好评”。

【解说】

回顾第三课，通过合理使用“，”，可让文章意思更为清晰，便于阅读。就上一页的例子来看，问题显然在于“今后继续”还是“今后现场好评”不明确。

问题 1 要在不改变语序的基础上表明“今后”也将“继续”，关键在于分开句子之间的距离。要让“今后”跨过“现场好评的培训”来修饰“继续”，就要在“今后”的后面标上逗号。

今后，让本部门得到现场好评的培训还将继续。

改变语序的话，能进一步明确语义。

让本部门得到现场好评的培训，今后还将继续。

将修饰和被修饰的词语连在一起，并在其前面标上逗号。

再看问题2，要让“今后”修饰“好评”，要将逗号标在哪儿呢？如果保持语序不变，可以将逗号放在“培训”后面。

今后让本部门得到现场好评的培训，还将继续。

而如果改变语序的话，意思会更清楚。

本部门还将继续开展能得到现场好评的培训。

如果你写的内容让对方产生“是这个意思还是那个意思”的疑惑，会极大地妨碍阅读的流畅，所以请注意逗号的位置。

例题 5-5【简洁度】增员与强化

A 公司有必要增加公司外部董事，强化公司管理。

【提问】

“增加公司外部董事”和“强化公司管理”之间是怎样的关系？请思考符合逻辑的解释，并让上文更清晰明确。

提示　想一想，能否不采用第四课的连用中止法。

【解说】

例文中“增加……强化……”用到了第四课中介绍的连用中止法。

我们来思考一下“增加公司外部董事”和“强化公司管理”之间的关系。这两者是“原因与结果”“手段与目的”“并列”“顺序”之中的哪一种呢？如果解释为“手段与目的”，那么可以理解为“通过增加董事来实现强化”，也就可以将其改写为以下句子。

A 公司有必要通过增加外部董事，来强化管理。

即使同样是“手段与目的”的关系，但将“增加外部董事”解释为多个手段中的典型，还可以改写成以下句子。

> A公司有必要通过以增加外部董事为主的措施，来强化管理。

另外，例文还可以解释为“先增加公司外部董事，再强化公司管理”的“顺序”关系，将原文改为以下方式能明确该逻辑关系。

> A公司有必要在增加外部董事的基础上，进一步强化管理。

这样一来表达的意思就是以增加公司外部董事为前提，在此基础上采取强化公司管理的措施。

当然，写作时不可能完全不使用连用中止法，但有时该方法会让说明内容有多种解释。如果有必要对前后关系做严密限制，请如上面所介绍的那样改写句子。

• 例题 5-6【简洁度】办公室转移

随着办公室的转移，员工各自的收纳空间仅剩现在所使用的侧柜。

另外，新办公室的桌子没有抽屉。

还有，无法放进侧柜的东西请收纳在团队共享的架子上。

另外，该架子分配给每人的容量只有抽屉的四成左右。

因此请尽量减少办公室内保管的私人物品。

【提问】

这是邮件的中心论点。请将其改写为明确 So What（最终应该怎样）和 Why So（为什么能这么说）的叙述方式。

提示　请注意第四课所说的连接词“因此”“另外”“还有”。

【解说】

首先来弄清 So What（结论）和 Why So（理由）。由于例文中有“因此”这个词，所以可知结论如下。

> 请尽量减少办公室内保管的私人物品。

“因此”的前面是理由，可分为两点，即“转移后的收纳空间仅剩侧柜”和“无法放入侧柜的东西虽然可使用共享架，但容量有限”。

但由于“另外”“还有”等连接词和副词的重复使用，读者很难掌握两个理由之间的关系。

所以我们试着放弃连接词，重写下划线部分所表示的切入点。这里还可以配合使用第四章所介绍的结构视觉化方法。

> 随着办公室的转移，请各位尽量减少办公室内保管的私人物品。
>
> • 转移后各自的收纳空间仅剩现在所使用的侧柜。新办公室的桌子没有抽屉。
>
> • 无法放进侧柜的东西请收纳在团队共享的架子上，但是该架子分配给每人的容量只有桌子抽屉的四成左右。

将原文的第二个“另外”改为“但是”。“但是”这个有限制意义的连接词能够突出“共享架子的容量小”这一内容。

当然也可以采用非视觉化的写作方法，但在商务邮件和文书中，还是用能帮助快速阅读的视觉化方法为佳。

> 随着办公室的转移，请各位尽量减少办公室内保管的私人物品。
>
> 该请求的背景首先是转移后各自的收纳空间仅剩现在所使

用的侧柜。新办公室的桌子没有抽屉。

除此之外，无法放进侧柜的东西请收纳在团队共享的架子上，但是该架子分配给每人的容量只有桌子抽屉的四成左右。

例题 5-7【好感度】预估程序改革事例的相关资料

昨天有幸得到了宝贵的讨论机会，不胜感激。

非常荣幸昨天能允许在下介绍“改革事例相关资料”，该资料已制作成 PDF 为您添加在附件中，密码则由另一封邮件为您发送。

该资料能作为预估程序改革的讨论材料之一，实在无上荣幸。

如果敝团队有什么地方能为您提供帮助，请与我们联络。

今后还烦请您继续多多指教。

【提问】

这是发送给客户的邮件。该文虽然充分表达了对收件人的敬意，但敬语过于冗长。请根据以下前提，在保持敬意不变的基础上将其改写为简明的文章。

前提：

“改革事例相关资料”已在昨天的会议中发放给了参会者，当时收件人要求“稍后请发送 PDF”。

提示　请回顾第五课的敬语使用方法。

【解说】

这段话一共用了三次“为您”，两次“荣幸”。

首先来看如何减少“为您”。这种表达方式一般用于希望获得对方认可时，而从前提设定来看，两人之前应该已有过“请将资料用邮件发给我”“明白”这样的交流，因此不必过多使用敬语来寒暄。

尽量减少冗长的敬语，避免重复使用敬语。开头的“非常荣幸昨天能允许在下介绍”最好改为“昨天所介绍的”。

再来看“荣幸”应该如何修改。区别使用敬语的基本原则是“在段落和文书的最初或最后表达最高敬意，降低除此之外的尊敬程度”。由于这是一封短邮件，所以只留下最后部分的敬语，其他部分进行删减和降级。

按照以上的建议进行修改后，就能使邮件内容在保持礼貌的基础上更为清晰明确。

昨天有幸参与会议讨论，十分感谢。昨天所介绍的“改革事例相关资料”已制作成 PDF 附上，密码由另一封邮件发送。

很荣幸该资料能作为预估程序改革的讨论材料之一。

如果有什么需要帮助的地方，请与我们联络。

今后还请多多指教。

• 练习问题 5-1【语言表现】沉默的改变

所谓沉默的改变，是指在未告知零件素材构成的基础上进行的改变。这种改变所导致的重大事故近年来日益增多，而事故的背景反映了随着零件调配的全球化，材料的安全性管理不彻底的问题。

【提问】

这是对“沉默的改变”这一现象做的说明。请改写原文，使读者能具体掌握以下两点。

- 谁“告知”谁？
- 谁“管理不彻底”？

• 练习问题 5-2【语言表现】关于分店的 FAX 机更换

分店的 FAX 机更换出现了以下状况。

东京分店决定将旧式 FAX 机换为新机种。

更换之际，从减轻使用者负担和防止误操作导致登录数据丢失的角度考虑，决定将旧 FAX 机的登录数据全部交由维护公司统一转移到新机器中。统一转移作业由维护公司的电脑与旧 FAX 机直接连接，将数据读取到电脑中，最终转移到新 FAX 机。

机器更换结束的几天后，有使用者反馈称旧 FAX 机和新 FAX 机的登录数据不同。

如果遵照当初决定的作业顺序是不应该出现数据不同的情况的。后经确认，发现当天分店作业时未使用电脑，而是由维护人员手动作业。

【提问】

这是某企业的东京分店 FAX 机更换的相关报告的草稿。请将下划线句子中的“以下状况”改写为能具体明示内容的一到两句话。

练习问题 5-3【语言表现】企业内部报刊

坂本君：

承蒙您以往的关照。

关于8月的企业内部报刊，预定制作“从巨大失败中学习”的特辑。

其中一环就是请各部门发掘“从巨大失败中吸取经验的案例”，并不吝与全公司分享。

各部门都在广告部进行了取材，但总公司管理部门却一直没找到合适的案例。

作为总公司管理部门的业务改革小组领导，如果您能够从贵部门立场出发，推荐总公司管理部门中与业务改革相关的大失败事例和采访对象的话，鄙人将不胜感激。

为了配合编辑时间，若是您能在6月9日（周五）之前反馈信息则感激不尽。

那么就拜托您了。

【提问】

这是广告部的远藤对人事部的坂本课长发出的委托协助企业内部报刊的邮件。请回答以下两个问题。

问题1　请举出应该修正的敬语部分。

问题2　如果要重写邮件，应该怎么写？请把该邮件不足的地方，添加到文中。

参考答案 220页

第六章

邮件的修订例

本章介绍例题和练习题中涉及邮件的修订例。
各问题的答案可供参考
* 各问题的邮件均为虚构

• 相关问题 例题 2-1、例题 3-1、例题 3-4、例题 4-1

邮件名：业务改善项目开始时间的报告

佐和经理：

出差辛苦了。

关于业务改善项目的开始时间，现在向您报告我与室町部长以及事务局讨论的结果，请您确认。

结论：这次的项目按最初的计划不变，于 10 月开始，不提前。

• 从项目活动方面考虑，定在上期决算后的 10 月更便于获得公司相关部门的协助。

• 从推进体制方面考虑，销售总部与生产总部选拔参加该项目的人员也需要一定时间。

因此从 10 月开始最佳。

以上。

听说大阪受台风影响下雨了。

请回来时多加小心。

川角

• 相关问题 例题 2-2、例题 3-2、例题 3-5、例题 4-2

邮件名：新语音邮件的 FAQ 集的相关请求

各位部门课长：

在更新语音邮件系统之际，首先感谢各位对部门内部说明会的支持。

本部制作了“新语音邮件 FAQ 集”，并于上周在内部网上发表。请各位指导部下灵活使用 FAQ 集。

● 委托部门课内指导的要点

本部门接到了大量电话咨询新系统的操作方法和指南，希望大家在打电话之前先翻阅 FAQ 集。

• 为了节约大家时间

由于电话咨询过多，接待需要花费大量时间，而咨询的问题不少都已包含在 FAQ 集中，所以如果在咨询之前阅读 FAQ 集，就能节约大家的时间。

• 为了提高服务质量

由于电话咨询过多，本部没有足够的时间逐一回答大家的问题，而如果能通过普及 FAQ 集减少电话咨询数量，会便于我们为大家提供更高质量的服务。

烦请大家多加配合。

语音邮件负责人　广尾久

• 相关问题 例题 2-3、例题 3-3、例题 3-6、例题 3-7、例题 4-3

邮件名：阿尔法学院的大纲制作格式修订提案

山浦经理

您辛苦了。

又到了阿尔法学院的大纲制作时期。

根据听讲者的反馈，我制作了大纲格式的修订案（附件），建议按修订案进行修改。

希望能在本周内得到您的认可。

拜托了。

和田。

● 大纲修订的背景

对大纲进行调查后发现，听讲者在问卷调查中表示“难以理解培训内容”。实际上，不同讲师制作的内容不同，大家更倾向于单纯罗列信息。

● 如何修订大纲格式

为了清楚传达讲座的整体概念和特点，①变更“培训内容”栏；②增设“听讲者反馈”栏。

• ①将“培训内容”栏分为“培训目标”“内容和进阶方法的特点”“项目概略”这三部分，明确各项目。

• ②对连续讲座设置“听讲者反馈”栏，通过分享实际听讲的员工的感想，让人更容易了解培训的特点和大致内容。

格式确定后，会尽快委托各讲师制作大纲。

请您确认。

和田

• 相关问题 练习问题 2-1、练习问题 3-1、练习问题 3-5、练习问题 4-5

邮件名：公司内部邮件的相关请求

公司内部邮件的使用者们：

各位辛苦了。

为了让公司内部邮件实现文件资料的快速转移，请在使用时注意以下事项。

●请求事项

请在公司内部邮件票据上正确填写发送人和收取人的姓名和部门名称。

• 最近公司内部邮件的票据记录有不少遗漏，本公司发往营业所的邮件，漏记部门名称的情况尤为突出。

• 相关负责人虽然检查并记载了遗漏的部分，但由于最近增加了不少新兼职者，所以检查确认花费了大量时间。

这导致资料文件的滞留时间过长。

希望各位理解并给予协助。

总务部　半泽爱

相关问题 练习问题 2-2、练习问题 3-2、练习问题 3-7、练习问题 4-6

邮件名：确认连续出勤者

销售第一部管理小组的水野君：

承蒙关照。

长年连续出勤者的表彰仪式将于 12 月 7 日（周五）举行。

这次邮件联络的目的是向您确认销售第一部的表彰对象。

请您协助。

- 联络的背景

预定表彰对象是连续出勤三十年、二十年的人，但 ABC 人事总务部并未收到销售第一部提交的候选者名单，无法确认该部门的表彰对象。

- 具体的委托事项

因此希望您能确认贵部门中包括派遣时间在内，就职年数符合连续出勤条件的人。

符合条件的入职时间

- 连续出勤三十年：1987 年 1 ～ 12 月进入公司
- 连续出勤二十年：1997 年 1 ～ 12 月进入公司

- 回复时间

因为要配合准备工作，最好能在 8 月 23 日（周五）之前给予反馈结果。

麻烦您在百忙之中多加费心。

总务部　半泽爱

• 相关问题 练习问题 2-3、练习问题 3-3、练习问题 3-6、练习问题 4-6

邮件名：电话系统更换的相关报告

总务部的各位：

辛苦了。

从 4 月 10 日（周一）开始将更换新的电话系统，在此报告咨询相关的应对方案，如果有任何问题或需要讨论的事项，请务必指出。

那么拜托各位了。

● 预计会出现的咨询

大致分为两种，不过预计语音邮件相关咨询会更多。

①新电话机的操作与功能相关咨询

②更新后的语音邮件与系统相关咨询

● 应对方案

在使用“操作指南”和“FAQ 集”的同时，还为语音邮件提供服务台的单独应答。

• 彻底利用 FAQ 集

已提前告知所有部门经理，使用操作指南和 FAQ 集来解决①和②的基本事项。［预定 3 月 20 日（周六）上传操作指南和 FAQ 集］

• 更换后会加强服务台的服务

4 月 10 日（周一）到 4 月 21 日（周五）的基本工作时间增加了一名服务台工作人员，以①为中心提供单独应对服务。

• 升级 FAQ 集的版本

以咨询内容为基础，持续更新 FAQ 集。

如果有任何问题，请及时上传。

我们会努力保证更换过程一切顺利。

总务部　半泽爱

•相关问题 练习问题 2-4、练习问题 3-4、练习问题 3-8、练习问题 4-1、练习问题 4-6

邮件名：关于 QC 表彰仪式住宿问题的确认

2017 年度的 QC 表彰大会将如期于下周 24 日（周一）9 点在总公司大会议室举行。

关于东都培训所的住宿问题，有一些地方需要进行确认。

●东都培训所入住时间

请于 23 日（周日）23 点之前入住东都培训所。

23 点为门禁时间，超过 23 点将无法入住。

●23 日（周日）晚餐、24 日（周一）早餐

均请在外用餐，如果外带食物入内，请在食堂食用。

培训所不提供饭食。

●携带物品

- 必须携带物品：ID 卡。
- 住宿所需物品：洗漱用品、毛巾、睡衣等。

培训所不提供上述物品。

●东都培训所到总公司的交通工具

所需时间约 40 分钟。早高峰时间电车可能会迟到，请各位提前出发。

- 利用 JR

培训所—阿佐谷站　步行 10 分钟

阿佐谷站—东京站　约 25 分钟

东京站—总公司　步行 5 分钟

- 利用地铁

培训所—南阿佐谷站　步行 3 分钟

南阿佐谷站—大手町站　约 35 分钟

大手町站—总公司　步行 2 分钟

如有问题，请联络我。

总务部　半泽爱

• 相关问题 练习问题 2-5、练习问题 4-6

邮件名：电话增设相关咨询

半泽小姐：

感谢您及时回信。

关于萨拉卡姆的电话申请，我已知道要在内网上填写申请表格。

但有两点想向您确认。

- 电话增设的申请者

请告诉我申请者应该是我还是我的上司中村课长。

因为申请表格 P.1 和 P.2 所显示的申请者不同，所以有此疑问。

- 电脑的机型变更和连接内网的手续是否也要向总务部提交申请？

预定下周为萨拉卡姆君申请使用。

多次打扰，不胜惶恐。

还请您多关照。

佐藤惠

• 相关问题 练习问题 2-6、练习问题 3-9、练习问题 4-6

邮件名：请指教海洋性胶原蛋白的相关问题

商品开发部的齐藤经理：

感谢您一直以来分享宝贵的信息。

这次联络您是为了正在研究中的海洋性胶原蛋白今后商业化的可能性，我有一些问题需要向齐藤君进行确认。

若能赐教，感激不尽。

请原谅我的唐突，希望能得到您的协助。

●确认的背景

我正在开发海洋性胶原蛋白的提取技术。

目前已发现了能有效提取吸收性良好的胶原蛋白的方法，因此希望今后能将其商品化。

●希望赐教的问题

我知道齐藤经理一直很关注海洋性胶原蛋白，您的意见也将作为今后讨论的参考，尤其是——

• 海洋性胶原蛋白主要能用于怎样的商品中？

• 如何应对使用海洋性胶原蛋白时的安全性和成本问题？

●期待的回应

如果您6月6日（周三）有时间的话，希望能召开一个约三十分钟左右的会议。

• 也请告知我您的日程安排。

• 如果恰好没空，下一次会议希望能在六天后。

以上，请您指教。

基础研究部　山本

• 相关问题 练习问题 2-7、练习问题 3-10、练习问题 4-6

邮件名：【重审预算的请求】阿尔法公司厨房机器

东经工业的加藤君：

敝公司的料理机器一直以来都受到您的多方关照。

多谢前日送达的相关预算数据。

本邮件将反馈讨论的结果、重新估计预算的请求以及今后预定的具体联络表。

也许会花费您一点时间，静候您的回复。

●关于预算

对变更的以下三点预算的重审，希望能在 10 月 20 日（周五）之前发回。

• 请将煤气炉变更为功率 12.3kW 的产品。

• 请将更换机器的作业时间从两天减少到一天半。

• 作业内容包括检查所有机器能否正常运作。

●关于今后日程的安排

更换时间为 2 月，事前确认为 12 月，具体时间稍后协商。

• 更换机器日期：2 月 10 日（周六）至 11 日（周日）或 2 月 17 日（周六）至 18 日（周日）。

• 事前的现场确认日期：12 月 11 日（周一）的 15 点之后，目的是确认搬入路径和设置位置。

若有不明之处，请尽快通知我。

拜托了。

日桥社总务部　儿玉

相关问题 练习问题 5-3

邮件名：为企业内部报提供信息的请求

坂本君：

感谢您为企业内部报提供的宝贵意见。

希望本周您能抽出 20 分钟的时间，谈谈关于 8 月刊的特辑“从巨大失败中学习”。

请告知我您的日程安排。

贸然打扰，还请见谅。

●请求的背景

8 月刊预定制作各部门“从巨大失败中吸取经验”的案例，与全公司分享。广告部在各部门进行了取材，但总公司管理部门却一直没找到合适的案例。

●对坂本君的请求

坂本君作为总公司管理部门业务改革小组的领导，了解各部门实际情况，所以希望您能推荐一些事例。

具体包括以下两点。

- 内容上，符合巨大失败后进行业务改革的事例。
- 取材对象，由您推荐合适的人选。

●希望的时间等

最好能在 6 月 9 日（周五）之前反馈信息。

- 在会议上或在电话中反馈即可。
- 请告知您本周什么时候有空。

百忙之中多有打扰，敬请谅解。

广告部　远藤哲也

后 记

从“了解”到“实践”

感谢购买并阅读本书的读者。

能够实现简明易懂、有逻辑性且令人愉悦的信息快速传达，就能够快速推进工作。逻辑性交流从某种意义上来说是不仅需要“了解”，更需要“实践”的“实用技巧”。请各位利用邮件进行大量练习，磨练实践能力。

马上在实际工作中运用

逻辑性交流的“基本模式”是通过练习来掌握的。完成本书的练习后，各位可以试着用自己的邮件来继续练习。

牢记练习的要点，每天坚持练习一封或三封邮件是非常重要的。在进行自我检查时，请灵活使用第一章的确认事项。检查的要点包括“主题”“期待的反应”“分组化”“要点 =So What”“具、简、论、好”。

邮件没有收到回复，或者回复的邮件不符合自己意图时，只要通过确认事项找出可改善的地方，就能立刻发送新的跟进邮件，并且吸取这次的经验。这些都属于实践性的练习。

从收到的邮件中学习

我们不仅可以用自己的邮件进行练习，还能将收到的邮件当作教材。我们经常会收到“简明易懂”或“能快速推进工作进度”

的邮件吧？对照确认事项，如果能从中发现“做到这一点就能实现信息传达”的地方，工作中的邮件也能成为帮助我们掌握基本模式的训练。

✉ 让周围人、团队学习

当你通过练习掌握了基本模式之后，你的邮件也会成为收件人的“范本”。与你频繁进行邮件来往的人，就能从你传达信息的方式中得到提示，发现“原来这样做比较好”。

“基本模式”中“通过导论明示期待的反应”和“通过分组呈现视觉化的结构”都是易于模仿实践的。如果对方是你的后辈或部下，将逻辑性交流基本模式的技巧教给他们，能加深他们的理解。

如果你是团队领导者，希望自己的团队贯彻逻辑性交流，我认为可以先利用自己的邮件来练习“基本模式”，逐步提高写邮件的技巧。

***

本书是在各方人士的协助下完成的。

感谢包括培训在内的为逻辑性交流技巧提供相关支持和给予我编辑本书机会的客户们，也感谢参与培训课程的各位。

各企业都想将逻辑思维运用于下一代经理人的培养、项目运营的效率化、法人营业能力的强化中，但究竟该如何掌握基础能力，大家都有共同的困惑。将大家的需求和实情分享出来，是我研究如何通过邮件进行学习的出发点。

东洋经济新报社市场营销部门的年轻成员们这次直接参与了协助工作。为了将“纸上谈兵”转化为实践应用，他们亲自参与了课程与问题的练习，并站在读者的角度提供了各种宝贵意见，例如“希望这个例题的解说更详细一些”“这里太短了”“希望多提供这类问题”等。在此感谢儿玉幸惠小姐、荒木千衣小姐、岛舞衣小姐、山浦壮史先生。此外，本书还得到了公司出版部门的编辑人员的诸多关照。

借此机会向大家表示衷心感谢。

最后要谢谢一直为本书提供可靠帮助的福田奈美子小姐和齐藤华小姐，还有我的家人。

2018 年 5 月

照屋华子